Osez...
le libertinage

dans la même collection

Osez tout savoir sur la fellation, Dino
Osez faire l'amour partout sauf dans un lit, Marc Dannam
Osez les jeux érotiques, Dominique Saint-Lambert
(Pour vous les filles) Osez les conseils d'un gay pour faire l'amour à un homme, Érik Rémès
Osez la fessée, Italo Baccardi
Osez le bondage, Axterdam
Osez préparer votre corps à l'amour, Italo Baccardi
Osez faire l'amour à 2, 3, 4, Marc Dannam
Osez découvrir le point G, Ovidie
Osez la bisexualité, Pierre des Esseintes
Osez le Kama Sutra, Marc Dannam et Axterdam
Osez la chasse à l'homme, Jane Hunt
Osez la sodomie, Coralie Trinh Thi
Osez la drague et le sexe gay, Raphaël Moreno
Osez les sextoys, Ovidie
Osez la masturbation féminine, Jane Hunt
Osez les conseils d'une experte du sexe pour rendre un homme fou de plaisir, Servane Vergy
Osez les conseils d'une lesbienne pour faire l'amour à une femme, Marie Candoe
Osez le strip-tease, Violeta Carpentier
Osez les jeux de soumission et de domination, Gala Fur
Osez le cunnilingus, Coralie Trinh Thi
Osez les rencontres sur Internet, Maïa Mazaurette
Osez pimenter la sexualité de votre couple, Marc Dannam
Osez les secrets d'une experte du sexe pour devenir l'amant parfait, Servane Vergy
Osez la masturbation masculine, Antoine Dole
Osez l'amour des rondes, Marlène Schiappa
Osez le quick sex, Jane Hunt
Osez l'amour au bureau, Marc Dannam
Osez devenir une cougar, Servane Vergy

Illustration de couverture : Arthur de Pins
Conception graphique : Carole Peclers, Monique Plessis

122, rue du Chemin-Vert - 75011 Paris
www.lamusardine.com

ISBN : 978-2-84271-426-0
ISSN : 1768-496X

Pierre Des Esseintes

Osez... le libertinage

La Musardine

du même auteur,
chez le même éditeur

Osez la bisexualité, 2006

Philosophe de formation, Pierre Des Esseintes est journaliste et consacre sa vie à l'étude de la sexualité humaine sous toutes ses formes. Ancien rédacteur en chef du magazine *Interconnexion*, il côtoie le milieu libertin depuis près de dix ans.

sommaire

avant-propos

Ce guide est le fruit de plus de dix années d'enquêtes, d'interviews et de reportages dans le milieu du libertinage en France. Les informations qui y sont contenues sont destinées en priorité à ceux qui désirent acquérir une bonne vision d'ensemble de l'univers libertin, afin d'en connaître les lieux, les usages, les codes et les dangers, avant d'oser tenter l'expérience…

Au cours de ce travail, nous nous sommes concentrés sur la notion de *libertinage*, et non sur l'*échangisme*, qui ne concerne que l'échange de partenaires au sein d'un couple, et qui ne prend pas en compte toutes les variantes possibles d'une sexualité plurielle (côte à côtisme, exhibitionnisme, triolisme…). D'autre part, même si l'on sait qu'il est envisageable de vivre son libertinage en solo, ou avec des partenaires du même sexe, nous avons axé notre travail sur les couples hétérosexuels, dans une volonté de cadrer notre domaine d'investigation. Vous ne trouverez dans cet ouvrage aucun discours prosélyte. Notre intention n'est pas de présenter le libertinage comme un modèle de comportement, mais comme une sexualité possible pour un couple, qui peut, selon les cas, lui procurer un extraordinaire épanouissement comme le mettre en danger. On sait, en effet, que les jeux libertins ne sont pas sans conséquence sur les couples qui n'en connaîtraient pas les risques… Néanmoins, selon une enquête réalisée en 2008 auprès de 6975 abonnés du site www.netechangisme.com, 93,36 % de ceux qui pratiquent le libertinage pensent être plus heureux dans leur couple que les non-libertins, et 77,03 % pensent favoriser ainsi leur stabilité de couple. Selon une autre étude, réalisée par l'Ifop en 2010 pour le même site, 55 % des sondés estimaient que la pérennité de leur couple était renforcée par le libertinage. Voilà qui donne envie d'en savoir plus…

1. un peu d'histoire libertine...

Aux origines du mot...

Le terme libertin vient du latin *libertinus*, « esclave affranchi ». Être libertin signifiait alors « avoir gagné sa liberté ». On retrouve cette signification transposée au domaine de la connaissance à partir du XVIe siècle. **L'enjeu du libertinage comme courant de pensée était l'autonomie de la connaissance vis-à-vis des lumières de la foi.** Les libertins considéraient que seule la raison humaine pouvait nous permettre de comprendre le monde. Les libertins niaient l'existence de Dieu, et la possibilité d'une vie spirituelle après la mort. L'Église, selon laquelle il est condamnable de vouloir jouir de sa vie terrestre, a tôt fait de considérer les libertins pour des débauchés, préoccupés uniquement de plaisirs sensuels.

En fait, le libertin était un libre penseur, volontiers frondeur dès qu'il s'agissait de remettre en cause l'histoire officielle ou les dogmes religieux. Lorsque, dans *Dom Juan* de Molière, le valet Sganarelle présente son maître libertin, il le nomme « pourceau d'Épicure ». Ce qui ne veut évidemment pas dire que *Dom Juan* est un épicurien, au sens où nous l'entendons aujourd'hui, mais qu'il défend, avec la philosophie d'Épicure, redécouverte pendant le Grand Siècle, une explication matérialiste et rationnelle du monde.

N'oublions pas qu'à l'époque, l'Église était rectrice en matière de connaissance, mais régissait également

tous les domaines de la vie, y compris la sexualité. Être libertin signifiait s'exclure de la société.
C'est au XVIIIe siècle, avec le roman, que le sens du mot « libertinage » évolua pour devenir une morale du plaisir. Il se lia avec la liberté de pensée des philosophes des Lumières, mais devint également synonyme d'écriture raffinée, de quête de plaisirs charnels, et aussi de jeu cynique avec les codes de la société, notamment avec Crébillon, Laclos ou Sade.

Aujourd'hui, l'idée de raffinement liée au terme « libertin » tend à disparaître avec la démocratisation des sexualités plurielles. La définition du libertinage s'est considérablement appauvrie : le terme renvoie simplement à une sexualité affranchie des contraintes imposées par le modèle toujours en vigueur du couple monogame. En d'autres termes, un libertin d'aujourd'hui est, selon Didier Menduni, auteur du célèbre *Guide de La France Coquine*, « *un viticulteur qui apprécie d'aller, de temps en temps, faire le tour des châteaux d'une autre région que la sienne* ». Jolie définition, qui réunit en une même sagesse hédoniste, les plaisirs de la bouche et ceux de la chair...

Vers la démocratisation...

À la fin des années soixante, avec la « libération sexuelle », la sexualité a pris un grand tournant, notamment avec l'arrivée de la pilule contraceptive. On ne parlait pas encore de libertinage, mais on assistait à une explosion des sexualités de groupe. Il s'agissait surtout d'aller à l'encontre des bien-pensants et des mentalités petites-bourgeoises.

Le libertinage concernait, à l'époque, les catégories socioprofessionnelles supérieures, mais peu à peu, les mœurs évoluèrent du côté d'une démocratisation de l'accès aux sexualités plurielles. **Faut-il en conclure que ces pratiques se sont banalisées ?**

Depuis quelques années, certains lieux communs journalistiques présentent le libertinage comme une pratique « à la mode », promue par quelques présentateurs télé qui, selon certaines légendes urbaines, hanteraient régulièrement les sombres alcôves de la rue Thérèse, à Paris…

L'aspect sulfureux attaché au libertinage en fait un objet de fantasmes, alimenté par des médias pour qui le voyeurisme tient parfois lieu de méthode d'investigation. Le libertinage est surexposé, ce qui peut, naturellement, amener à croire qu'il est de plus en plus pratiqué.

Cette surexposition est-elle, ou non, incitative ? Le libertinage est-il un feu de paille médiatique ou un réel phénomène de société ?

Une étude de 2006[1] rend compte de la fréquentation des clubs libertins, et de la pratique de l'échangisme. **3,6 % des hommes et 1,7 % des femmes se sont rendus au moins une fois dans un club échangiste.** L'écart est assez important entre le nombre de celles et ceux qui se sont rendus dans un tel établissement, et le nombre de celles et ceux qui affirment y avoir eu des rapports sexuels (seulement une femme sur trois et trois hommes sur cinq). Dans une précédente enquête de 1992, 4 % des hommes et 1 % des femmes avouaient pratiquer l'échangisme. Selon ces chiffres, la population libertine n'augmente donc pas. Néanmoins, il est sans doute possible de nuancer les résultats de cette étude. **En effet, les questions posées portaient sur la pratique de l'échangisme, strictement définie comme « l'échange de partenaires entre couples ».**

1. Rendue publique en mars 2007, cette excellente enquête, sur l'évolution du comportement sexuel des Français, « Contexte de la sexualité en France » réalisée en 2006 par une équipe de chercheurs en sociologie, démographie et épidémiologie de l'INSERM (institut national de la santé et de la recherche médicale), l'INED (institut national des études démographiques), du CNRS (centre national de la recherche scientifique) et de l'INVS (institut de veille sanitaire) et de l'Université, à l'initiative de l'ANRS, agence nationale de recherches sur le SIDA et les hépatites virales, menée par Nathalie Bajos, de l'INSERM et Michel Bozon de l'Ined et coordonnée par Nathalie Beltzer (ORS Île de France), rend compte de l'évolution de la sexualité des Français. Ce travail a été effectué auprès de 12 364 personnes.

Pourtant, le sociologue Daniel Welzer-Lang, affirme dans son ouvrage *La Planète échangiste*, copieuse enquête de terrain menée pendant quatre ans dans le milieu libertin, qu'il existe une augmentation très nette des pratiques sexuelles collectives. Il s'appuie sur la multiplication des lieux de commerce libertin et sur leur plus grande visibilité.

Il est devenu banal, aujourd'hui, d'essayer de redynamiser sa sexualité, et de nombreux couples peuvent légitimement éprouver l'envie d'exalter leurs sens tout en préservant la conjugalité amoureuse.

Alors, pourquoi les chiffres des enquêtes officielles contrediraient-ils cette évolution ? Cela peut s'expliquer par une tendance très nette, chez les libertins, à sous-déclarer leurs pratiques.

Difficile, alors, d'obtenir des données précises… Mais on peut aussi se demander si les questions posées dans les enquêtes sont correctement formulées. Si le libertinage entendu comme échangisme, c'est-à-dire comme « échange de partenaire », ne rencontre pas plus d'adeptes aujourd'hui qu'en 1992, c'est peut-être parce que, justement, le libertinage ne se limite pas à cette pratique.

Ainsi, même si l'échangisme n'est réellement vécu que par quelques-uns, les combinaisons offertes aux couples pour diversifier leur sexualité sont nombreuses et variées.

LES ANNÉES 80 COMMENCENT...

« ***On peut être libertin sans être échangiste.*** *Aujourd'hui, dans le libertinage, il n'y a même pas 50 pour cent d'échangistes !* » affirme Pascal Giraudeau, patron du club parisien Le We et ancien directeur de publication du magazine *Interconnexion*, référence incontournable de la presse libertine pendant 15 ans.

> « *Le libertinage*, poursuit-il, *c'est la sexualité récréative. C'est vivre sa sexualité de façon ludique et décomplexée.* »

Pascal Giraudeau se souvient de l'époque où le libertinage se pratiquait moins en clubs que dans des appartements des quartiers chics de la capitale. C'était le début des années 80…

> « Je suis arrivé à Paris en 1980. J'étais lieutenant dans la marine, et j'avais entendu parler de ces couples qui se rencontraient Porte Dauphine, ou sur les contre-allées de l'avenue Foch.
> Dans les voitures, garées tout le long, des couples attendaient d'en rencontrer d'autres, mais aussi des hommes seuls, comme moi, qui cherchaient à se faire inviter. Je suis sorti du métro, et un couple en voiture m'a abordé. À l'époque, la phrase connue des initiés était : « Vous avez un local ? » Ce qui voulait dire : un lieu où se retrouver pour s'amuser. Évidemment, je ne connaissais pas les codes en vigueur, alors l'homme m'a dit : « Vous montez avec nous ? » J'ai accepté, et me voilà parti dans une garçonnière de l'avenue Foch pour mon premier trio ! Nous étions un treize juillet.

Cet homme, avec qui j'avais sympathisé, m'a informé qu'une soirée « bleu blanc rouge » était organisée le lendemain soir, pour la fête nationale, dans le club Chris et Manu. J'y suis allé, évidemment. Ce fut ma première soirée libertine en club ! Après huit ans de marine, je me suis dit que j'étais au paradis ! Les femmes étaient magnifiques, les couples commençaient à baiser à vingt heures, jusqu'à quatre heures du matin ! C'était fou. L'avenue Foch était le plus grand lieu de rencontres libertines de France ! Et le Bois de Boulogne, juste à côté, un bordel à ciel ouvert ! Puis, avec le début de l'épidémie de SIDA et la répression policière, tout cela s'est arrêté. »

Une autre époque commençait : celle des clubs échangistes…

LE BOOM DES CLUBS LIBERTINS APRÈS LE PROCÈS DE CHRIS ET MANU

Chris et Manu sont deux patrons « à part » dans le monde libertin, unanimement respectés par tous les directeurs d'établissements. Le libertinage tel que nous le connaissons aujourd'hui n'existerait pas sans eux, et ce qu'ils ont dû traverser. Rencontre avec Chris.

Vous faites figure, Manu et toi, de pionniers dans le métier…

Oui, nous avons ouvert notre premier club en 1981. À l'époque, il n'y avait à Paris que le 10 Bis, et les Marronniers. En banlieue, il y avait le Roi René, et c'était tout.

Quel était, à l'époque, le contexte politique ?

Les clubs étaient interdits. Nous avons ouvert Chris et Manu en 1981, Chris et Manu 2 en 1983, date à laquelle nous avons eu des problèmes. Nos clubs ont été fermés, nous avons été condamnés à une semaine de prison. Quand l'enquête a révélé qu'il n'y avait ni prostitués ni mineurs chez nous, nous avons été relaxés. Le procureur, qui n'était pas d'accord, a fait appel. Et nous avons été relaxés une deuxième fois. Le procès a alors fait jurisprudence.

Les autres clubs ont-ils été également inquiétés ?

Nous avons tous eu des problèmes. Le Cléopâtre, qui a ouvert en même temps que nous, a été inquiété. De même que Denise, qui tenait à l'époque le 106. Ils ont tous deux été relaxés grâce à nous.

Sous quels chefs d'accusation avez-vous été condamnés ?

Incitation à la débauche, proxénétisme aggravé... Il a fallu prouver que nous n'allions chercher personne à l'extérieur, que nous n'étions pas une maison close !

Le libertinage est aujourd'hui plutôt jeune et branché... À l'époque, la clientèle était plus bourgeoise ?

C'était beaucoup plus sympa à l'époque. Les femmes venaient en robe longue. Aujourd'hui, les gens sont moins élégants. Mais il faut comprendre que ces mœurs n'étaient pas répandues. Par exemple, les gens ne se déshabillaient jamais complètement. On avait toujours peur d'une descente !

Comment en êtes-vous venus à créer un club échangiste ?
Nous étions nous-même échangistes. Nous avions à l'époque une entreprise de chauffage et climatisation. Nous nous sommes associés avec un ami pour monter notre premier club. C'était en 1979. Et deux ans plus tard, nous avons volé de nos propres ailes, Manu et moi.

Que pensez-vous de la multiplication actuelle des clubs ? Y a-t-il trop de concurrence ?
Non, on ne peut pas vraiment parler de concurrence, chaque club a son style. Par exemple, les discothèques libertines, je trouve ça très bien, du moment que les patrons sont professionnels. Du moins, pour un certain type de clientèle. Ici, les gens aiment danser, mais aussi baiser !

Vous avez une grande renommée, nationale et internationale…
Oui, nous avons des articles dans la presse spécialisée en Suisse, en Angleterre, en Italie… et même aux États-Unis !

Il vous arrive de recevoir des *people* ?
Oui, mais à la différence de beaucoup d'autres, on ne s'en vante pas !

Comment voyez-vous évoluer l'échangisme ?
Il me semble qu'il ne puisse plus y avoir de retour en arrière. À moins que le gouvernement ne l'interdise ! Il faut que les gens comprennent ce qu'est un club échangiste. Ce n'est ni glauque, ni malsain. C'est un lieu convivial, chaleureux, où l'on se fait des amis.

Vous n'êtes pas lassée de ce métier ?
Pas du tout... Les libertins sont des gens charmants. Si je m'ennuyais, j'arrêterais !

ANNÉES 90 : LA MONTÉE EN PUISSANCE

C'est à partir des années 90 que le libertinage s'est vraiment démocratisé. Des magazines comme *Swing*, *Interconnexion*, *Couples*, la *Tribune des Libertins* ou encore *Loisirs 2000* ont contribué à sortir le libertinage de son côté clandestin plus ou moins sulfureux. Les Connex d'Or (les Oscars du libertinage, organisés par le magazine *Interconnexion*) ont fédéré un temps le monde libertin, en permettant aux patrons de clubs de toute la France de se rencontrer.

Thierry Ardisson évoquait régulièrement le club Les Chandelles dans ses émissions de télévision. Plus tard, Frédéric Taddéi nous fit découvrir, dans son émission *Paris Dernière*, les lieux jusque-là tenus secrets de la capitale, et notamment les clubs échangistes. En 2004, lorsque l'écrivain et réalisateur Yann Moix publia *Partouz*, il se déclara volontiers libertin pratiquant. Dans les dîners circulaient des noms de stars de la chanson, mais aussi d'hommes politiques habitués des clubs et des soirées privées.

Le libertinage devenait « branché ». L'échangisme feutré quittait la moiteur des alcôves bourgeoises pour prendre une nouvelle dimension, plus jeune et plus festive. Aujourd'hui, des trentenaires débarquent en nombre dans le libertinage. Ils ont, pour la plupart, fait leur éducation sexuelle très jeunes, avec la pornographie.

> *« C'est une donnée fondamentale pour qui s'intéresse à l'évolution de la sexualité. Les jeunes qui sortent en clubs libertins viennent y chercher exactement l'opposé de ce qu'ils ont vu dans les films X. Ils veulent une sexualité libre, mais dans le dialogue et le respect de l'autre. »*
>
> (Pascal Giraudeau)

Et si le libertinage consistait en un retour aux valeurs de la sexualité complice et amoureuse, par opposition à la mécanique pornographique ?

Rencontre avec Denis Fruleux

Denis Fruleux, psycho-sexologue, directeur de l'AFERTES (Association pour la formation, l'Expérimentation et la Recherche en Travail Éducatif et Social), étudie depuis plus de dix le libertinage et ses effets. Il est l'auteur de l'étude intitulée « Le Libertinage : complicité renforcée ou mise en péril du couple sensoriel ? » *consacrée à* « l'interaction d'une sexualité dite " plurielle " avec l'équilibre relationnel des couples hétérosexuels ».

□ Pierre Des Esseintes : **Le libertinage est-il selon vous une mode ou une réalité bien ancrée ?**

■ Denis Fruleux : **Les pratiques sexuelles à plusieurs ne sont pas récentes.** D'un point de vue anthropologique, elles ont toujours été récurrentes. De fait, dans l'histoire, les exemples d'expressions collectives de la sexualité sont abondants. **Cette sexualité de groupe, parce qu'elle a toujours été présente, est donc intemporelle, contrairement à une mode, qui elle passe.** L'impression de mode est induite dans l'expression faite par certaines personnalités (Ardisson, Dechavanne, Delarue, Ruquier…), auprès des médias. Au XVIIIe siècle, Denis Diderot écrivait : « *Avec le libertinage, on est dédommagé de la perte de son innocence par la perte de ses préjugés.* »
En fait, c'est le dédouanement de la sexualité avec la religion, dans les années 70, qui a permis de déculpabiliser l'érotisme, rendant ainsi accessible le libertinage

à toutes les classes sociales, contrairement aux siècles précédents.
Si Welzer-Lang écrit, en 1998, que les classes moyennes et supérieures sont surreprésentées parmi les libertins, les sexologues Benaïm en 1997, et moi-même en 2010, ne retrouvent pas cette répartition dans leurs études ; **nos chiffres démontrent une démocratisation, depuis plusieurs années, du phénomène libertin, avec une sorte de nivellement social et une interpénétration entre les différentes couches sociales.**

☐ La population libertine a-t-elle rajeuni ?

■ Mes statistiques ne tiennent pas compte des âges collectés dans les annonces libertines, quels que soient les supports. En effet, ils ne sont pas fiables, les annonceurs modifiant à volonté leur date de naissance pour rendre leurs propositions plus attractives. En club, le fait de ne pas pouvoir se cacher derrière une photo plus vieille ou « empruntée » ainsi que la présentation d'une pièce d'identité font que l'on ne peut déguiser le temps !

De même, pour cause de profils très différents, je n'ai pas intégré dans mon étude des soirées organisées par des jeunes (*skin parties* et autres), de plus en plus souvent mineurs dans lesquelles le triptyque alcool, drogue et sexe règne en des lieux souvent squattés, où de jeunes acteurs jouent au chat et à la souris avec les représentants de la loi.

Ce qui évolue n'est pas tant un rajeunissement des libertins qu'une extension des pratiques, allant de la mono-sexualité *extime*[1] (faire l'amour à deux devant un public consentant) aux relations sexuelles plurielles, à toutes les classes d'âge et à toutes les catégories socioprofessionnelles.

Lors de mes recherches j'ai étudié plusieurs centaines de couples par le biais de questionnaires et la passation d'échelles et de protocoles. **La catégorie la plus représentée pour l'âge de la première expression libertine est celle des 25-34 ans** (37,5 %), mais 85 % des sujets de l'étude ont commencé à pratiquer le libertinage entre 25 et 49 ans (ces chiffres sont similaires à ceux de l'enquête sur la sexualité en France, en 2008, de Bajos et Bozon, qui dénombre que les 25-49 ans sont ceux qui ont majoritairement déjà fréquenté un lieu échangiste – comprendre lieu libertin). Au deux extrêmes de la courbe des âges, les moins de 20 ans et les plus de 50 ans sont représentés dans les mêmes proportions (2,5 %). J'ai cependant pu observer un nombre non négligeable de jeunes couples, de 21 à 24 ans, avec conjugalité (15 %). Ceux-ci ont des pratiques sexuelles collectives plus légères, constituées d'exhibition-voyeurisme, d'attouchements légers, de relations sexuelles côte à côte ou de mélangisme, leur permettant d'assouvir des fantasmes sans pour autant avoir une pensée libertine.

---

1. Extime : Ce qui, d'ordinaire, relève de l'intime, mais qui est montré. L'extimité consiste en une volonté de dévoilement de la vie intime Serge Tisseron la définit ainsi : « *Je propose d'appeler "extemité" le mouvement qui pousse chacun à mettre en avant une partie de sa vie intime, autant physique que psychique. Ce mouvement est longtemps passé inaperçu bien qu'il soit essentiel à l'être humain. Il consisite dans le désir de communiquer sur son monde intérieur.* » (*L'intimité surexposée*, éd. Ramsay, 2001, rééditions Hachette, 2003).

Il est à noter que certains propriétaires de clubs, pris entre le désir de générer un bon chiffre d'affaire, et le fait de ne pas favoriser de tensions, interdisent l'entrée de l'établissement au moins de 20 ans.

☐ Le libertinage apparaît-il toujours comme une transgression des normes sexuelles ?

■ C'est une interrogation centrale que se posent souvent les personnes se préparant à franchir les limites de l'intimité sexuelle pour l'extimité sensorielle plurielle. On peut donc se poser la question ainsi : le libertinage est-il une perversion, ou une des évolutions possibles de la sexualité ? Comme l'ont fort sagement écrit Willy & Jamont en 1964, « *S'il s'agit de juger de ce qui est normal ou anormal sexuellement, on doit s'assurer dès que l'on se trouve devant des interprétations contradictoires, que des considérations philosophiques, morales ou sociales, n'entrent pas en jeux* ».

☐ Le libertinage est-il une dépravation ?

■ Cela suppose que dans une certaine représentation publique, le libertin est un déréglé mental, vicieux, se livrant à la luxure. Son immoralité amènerait, par contagion, le dévergondage de ceux qui le fréquentent.

En fait, jusqu'au XIXe siècle et l'avènement de la psychiatrie, les comportements sexuels déviants ne sont pas considérés comme étant pathologiques mais comme des transgressions de la loi et des péchés religieux. En 1886, Krafft-Ebing établit une classification des actes pervers, introduisant pour la première fois les notions de sadisme, de masochisme et de fétichisme, encore employées aujourd'hui. Cependant, son travail, en lien avec les préceptes religieux, considère comme perverse toute pratique sexuelle qui n'est pas orientée vers la procréation.

Par la suite, d'autres classifications sont élaborées, toujours empreintes de jugements de valeur et de références morales. Progressivement, en se détachant de l'emprise de la religion, les classifications ont également voulu séparer ce que la loi considérait comme sexualités déviantes, et les pratiques qui pouvaient être du domaine de la psychopathologie.

De nos jours, en France comme en Europe, l'éthique médicale refuse de catégoriser les personnes selon leur comportement ou d'exiger un comportement particulier selon les besoins de la société ou selon les courants religieux ou idéologiques. Cette position refuse l'alliance médecine – religion – lois, visant à normaliser le comportement sexuel des membres d'une société. Dans ce contexte, des classifications athéoriques et indépendantes de tout critère culturel ou religieux, regroupant les comportements sexuels problématiques ont été conçues. **Le terme de paraphilie a été préféré à celui de perversion parce que moins connoté moralement.**

La paraphilie désigne soit un fantasme, une impulsion, ou bien un comportement sexuellement excitant et récidivant, utilisé par un individu pour récolter un plaisir sexuel ou une gratification sexuelle. C'est un comportement atypique et extrême introduisant dans la sexualité des composantes non sexuelles : enfants, animaux, sous-vêtements, douleur...

Ce comportement déviant est avant tout, une question de dosage et de présence de souffrance, que celle-ci soit dirigée vers soi ou vers l'autre. Chercher une satisfaction sexuelle en étant le voyeur autorisé d'une scène érotique, en étant fétichiste d'un pied féminin chaussé d'un escarpin au talon aiguille ou en regardant des films pornographiques n'est pas pathologique en soi. Cependant, si la satisfaction sexuelle est uniquement conditionnée par ce type de scénario, devenu incontournable et rendant impossible toute autre source d'excitation possible, il y a présence d'une pathologie. Cette pratique est très réductrice pour l'échange érotico-amoureux, le partenaire se trouvant effacé au profit de l'objet nécessaire à l'excitation sexuelle.

Certains actes sont considérés pathologiques sans autres conditions que leur pratique. Il en est ainsi de certains agissements, contre soi (asphyxie auto-érotique…) ou les autres (pédophilie, viol…).

□ Alors, qu'est-ce qu'une sexualité normale ?

■ En théorie, l'étude de ce que peut être la sexualité « normale » s'impose si l'on veut éclairer certaines pratiques comme le libertinage. Cependant, d'un point de vue psychologique, **il est difficile de définir ce qu'est la norme en matière de sexualité. Parce qu'elle se définit surtout par ce qu'elle n'est pas**, il faut réaliser un inventaire des déviances de la sexualité pour comprendre quelles sont les pratiques sexuelles jugées normales. Tous les autres comportements sexuels sont donc des comportements normaux : masturbation infantile ou adulte, homosexualité, sodomie, fellation, cunnilingus, relations sexuelles à plusieurs, relations sadomasochistes (dans les limites du consentement mutuel), exhibitionnisme privé, voyeurisme privé, relations sexuelles avec des professionnels...

L'utilisation de substituts comme les godemichés est également normale, tout comme le visionnage de films pornographiques... Évidemment, cette sexualité doit concerner des partenaires en âge et en capacité d'émettre leur consentement.

Ainsi, toute sexualité qui contraint l'un des partenaires et l'oblige à des pratiques sexuelles qu'il réprouve, est une sexualité anormale. La sexualité, hors procréation, est une activité vouée au plaisir. La sexualité normale est ainsi, tout simplement, celle qui procure du plaisir à l'ensemble des partenaires concernés, quelle que soit la forme de ce plaisir.

2. du fantasme à la réalité

Le libertinage, une stratégie de couple ?

Nombreux sont les libertins qui affirment que la pratique des sexualités de groupe a pour fonction principale de préserver le couple, de le consolider, et de le prolonger dans le temps. Cela implique-t-il que le libertinage est une solution parmi d'autres pour faire durer son couple ?

Sans doute, mais peut-on en conclure que n'importe quel couple peut finalement tenter le libertinage, comme n'importe quelle autre thérapie ? « *Bien sûr que non,* tranche Didier Menduni, *le libertinage ne convient pas à tout le monde. Le milieu a déjà beaucoup souffert de ceux qui se prétendent libertins parce que c'est la mode, même si ce n'est pas leur mode de vie.*

Être libertin, c'est comme être homosexuel, ce n'est pas quelque chose qui se fabrique. Les vrais libertins sont rares.

De plus, même si l'on s'essaie au libertinage, ce n'est pas pour cela que l'on devient libertin. De la même façon que l'on peut vivre des expériences avec une personne du même sexe sans devenir homosexuel. De la même façon, n'importe qui peut vivre des expériences libertines, mais les vrais libertins, il y en a relativement peu. Pour moi, on naît libertin. »

Didier Menduni soulève là un point plutôt polémique... Selon lui, le libertinage est inscrit dans nos gènes, alors que pour d'autres, il ne constitue qu'une étape optionnelle dans le parcours sexuel d'un individu. C'est l'avis d'Alain, patron de l'ex-club *Le No Comment*, à deux pas des Champs-Élysées : « **Il est absurde de dire que l'on est libertin toute sa vie. Le libertinage n'est qu'une étape dans la vie d'un couple.** »

Tous les libertins que nous avons questionnés s'accordent pour dire que la pratique du libertinage a sauvé leur couple d'une inévitable lassitude, en relançant leur sexualité.

Le libertinage apparaît alors comme une solution pour faire durer son couple. Frédéric Beigbeder parle de la « *solution échangiste* » qui « *repose sur des règles du jeu très précises, qui permettent de protéger l'amour en le séparant du sexe* ».[1]

Mais, en amour comme en toute chose, on sait que les solutions miracle n'existent pas. Selon Didier Menduni, auteur du *Guide de la France Coquine*, le libertinage ne doit pas servir à autre chose qu'à « s'éclater ». « *Si le couple reste amoureux*, explique-t-il, *mais que le désir seul est éteint, alors effectivement, un couple peut être relancé de cette façon. Par exemple, lorsqu'un homme se rend compte qu'un autre s'intéresse à sa femme, et inversement, si une femme constate que son homme peut encore séduire, l'expérience peut être très stimulante pour le couple.* »

---

1. Frédéric Beigbeder, préface au livre de Christine Ley, *Voyage au pays de l'échangisme*, éd. Favre, 2003, p. 8.

Ainsi, le point de départ de toute expérience libertine serait que les sentiments soient intacts au sein du couple.

Selon Denis Fruleux, « *l'action du libertinage, ne permet pas de réparer la complicité perdue d'un couple devenant "monotone", ou d'éradiquer une quelconque conjugopathie. Par contre, je pense que ce pourrait être la continuité d'une trajectoire amoureuse, construite à l'origine dans une intimité suffisamment conséquente dans sa qualité, comme dans sa durée.* »

Le libertinage ne serait alors qu'un jeu, occasionnel ou régulier, dans le cheminement amoureux. **Si ce jeu ne constitue pas une solution, il peut, en revanche, être le point de départ d'une nouvelle complicité amoureuse, et d'un épanouissement sexuel retrouvé.**

« Le libertinage doit souder le couple. À partir du moment où l'on fait cette démarche de parler librement de sa sexualité avec son partenaire, et de suivre un chemin étranger au mensonge, il n'y a aucune raison pour que le couple ne dure pas ! Je considère toujours le couple comme une entité. J'ai toujours du mal, dans mon établissement, à constater qu'un couple s'est défait. J'ai vu des choses très belles dans mon parcours de libertin. Il m'est arrivé de voir, en club, deux couples échangistes faisant l'amour côte à côte, chacun avec le partenaire de l'autre couple, et qui se tenaient la main ! J'ai trouvé cela sublime !
Ils parvenaient à concilier l'amour qu'ils avaient l'un pour l'autre avec l'excitation de baiser avec une tierce personne... C'était une harmonie parfaite. »

(Pascal Giraudeau)

Didier Menduni confirme ce point de vue : « Moi, je n'imagine pas emmener dans un club libertin une femme dont je ne suis pas amoureux. Si je suis libertin, c'est pour offrir à la femme que j'aime un surplus de plaisir. »

Si le libertinage ne sauve pas le couple, il peut néanmoins le renforcer. Il y aurait, selon Pascal Giraudeau, beaucoup moins de divorces chez les couples libertins. L'information est cependant difficilement vérifiable.

Mais il paraît aller de soi qu'un couple qui se pose des questions sur sa sexualité, et qui sait remettre en question son mode de vie, dure plus longtemps que les autres.
Être libertin, finalement, c'est avoir eu l'intelligence de se poser la question : **« Comment est-ce que je vis ma sexualité dans le cadre de mon couple, et comment puis-je l'améliorer ? »**

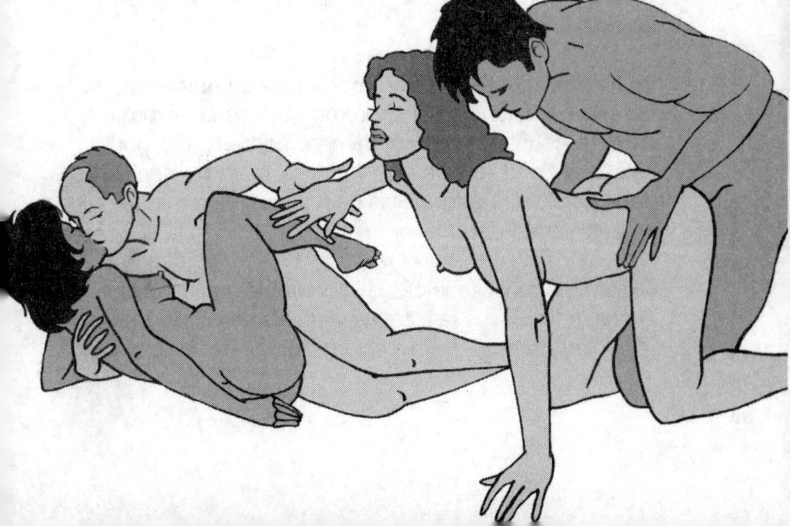

LE RÔLE DE LA FEMME

Tout homme « converti » au libertinage doit passer par une remise en question fondamentale. Il doit renoncer à la maîtrise de la sexualité dans son couple, pour partir humblement à la découverte de l'immensité de ce continent noir qu'est, selon Freud, la sexualité féminine.

Certains considèrent, encore aujourd'hui, qu'ils contrôlent la sexualité de leur couple, vieil héritage d'une époque où l'on considérait la femme comme servante du plaisir de l'homme.

L'homme n'a évidemment pas le monopole du fantasme. Chez les libertins, on entend souvent dire que la femme mène la danse.

Effectivement, nombreuses sont celles qui, en club, nous ont avoué : « C'est mon mari qui m'a traînée là la première fois... » Et le même mari de nous confier ensuite : « ... depuis, elle veut que l'on vienne ici tous les samedis. »

Le libertinage ne s'accommode pas du machisme. Le préjugé selon lequel l'homme maîtrise la sexualité dans le couple est profondément ancré. C'est pour cela que l'on retrouve des femmes mariées, seules, dans les clubs. Parfois, elles demandent même à leurs amants de les y emmener.

Didier Menduni cite le cas d'une femme mariée qui lui avoua, un jour, ses réticences vis-à-vis de la fellation. « *Un jour, elle a eu l'occasion d'en parler avec ses collègues de travail, qui lui ont dit qu'elles adoraient ça. Mais l'ambiance était tellement lourde quand elle rentrait chez elle qu'elle n'aurait jamais eu l'audace de demander à son mari si elle pouvait le sucer. Elle décida de prendre un amant, et, à chaque fois qu'elle le retrouvait, elle le suçait longuement et passionnément.* »

Voilà comment l'absence de communication s'installe insidieusement dans un couple, et le dégrade peu à peu. **Le libertinage permet d'entretenir le désir.** L'homme, enclin avec l'habitude de la vie commune à se laisser materner par sa femme, retrouve enfin sa place de « mâle », dans le bon sens du terme.

> « Évidemment, c'est toujours la femme qui décide. C'est le principe de la laisse à rallonge. L'homme peut gambader dans tous les sens, c'est toujours la femme qui la tient fermement. Mais l'homme sauve les apparences. »
>
> (Didier Menduni)

Pour Pascal Giraudeau aussi, l**e libertinage est une affaire de femmes**. « *Beaucoup de jeunes filles aiment s'habiller sexy pour aller danser en boîte. Mais elles redoutent de le faire dans une discothèque traditionnelle, de peur de se faire draguer lourdement, ou de se prendre une main aux fesses ! Alors, même si, dans la plupart des cas, les hommes sont à l'initiative de la soirée libertine, on s'aperçoit très vite que par la suite, c'est la femme qui va tenir les rênes, car elle peut profiter de ces nouvelles pratiques pour ne plus être dominée par l'homme dans leurs relations sexuelles.* Selon l'étude de

Denis Fruleux, si "*85% des hommes décidaient seuls du moment de faire l'amour avec leur compagne, ils ne sont plus que 15 % avec le libertinage*". »

Le libertinage redistribue les clés du plaisir sexuel au sein du couple. Cette nouvelle complicité doit normalement permettre une entente idéale.

« *Mais,* comme le dit Denis Fruleux, *rien n'est simple en la matière, et les partenaires peuvent se faire piéger par les nouvelles sensations (comme la découverte de la bisexualité) et s'isoler dans ce plaisir neuf apparaissant sans limite.* » **Le libertinage n'est donc pas, loin s'en faut, une solution miracle.** Nombreux sont ceux qui, le considérant comme tel, se sont fait piéger.
On entend souvent dire que si les femmes se sentent particulièrement à l'aise dans le libertinage, c'est parce qu'il obéit à des codes précis. Elles apprécieront donc ces soirées en club libertin dans lesquelles tout est possible, mais dans un contexte cadré et sécurisé.

Delphine, libertine parisienne de 24 ans, nous a confié qu'elle adorait « *danser avec une autre femme, (s)'exhiber sur une piste de danse. Je le fais pour mon plaisir, et aussi pour celui des hommes. J'aime savoir que je les excite, et que c'est toujours moi qui mène le jeu. J'ai aussi découvert le plaisir de caresser une femme, de l'embrasser, de la lécher. Le libertinage m'a permis de vivre ma bisexualité, sans complexe et sans contrainte. Avec les hommes, c'est différent. J'aime surtout qu'ils me regardent, et avec mon mari nous nous échangeons rarement. Ce que je préfère dans les clubs, ce sont les règles de courtoisie. Je sais que tout est possible, et que je ne risque rien. Je peux danser nue sur la piste d'un club, il ne m'arrivera jamais rien...* »

Propos confirmés par Patrice, gérant du Château des Lys : « Toutes les femmes que je reçois dans mon club m'ont confié que depuis leur découverte du milieu libertin, elles ne remettraient jamais les pieds dans une boîte de nuit traditionnelle. Elles apprécient de pouvoir s'exhiber, très déshabillées ou complètement nues, sur la piste de danse. Elles savent que personne ne les touchera ! »

Dans leur découverte de ce nouveau mode de vie, les hommes sont à nouveau subjugués par la beauté de leurs femmes, par leur assurance retrouvée. Ils s'aperçoivent qu'elles peuvent être désirées par d'autres hommes, mais aussi par d'autres femmes. Il arrive que ces hommes soient dépassés, qu'ils n'arrivent plus à bander.

« *On peut fantasmer en couple dans l'intimité de la chambre à coucher,* m'a confié Philippe, compagnon de Delphine, *mais le passage à l'acte, en club ou en soirées privées, c'est autre chose ! J'ai souvent imaginé des situations excitantes en faisant l'amour avec ma femme. Par exemple, qu'elle se trouvait assise sur mon sexe et que cette position lui donne envie d'un autre sexe que le mien, dans son anus... Nous imaginions alors une double pénétration, avec un inconnu, et ce fantasme nous faisait décoller à chaque fois ! Quand nous nous sommes retrouvés en club, et qu'il a fallu que je bande en présence d'inconnus, c'était autre chose ! D'ailleurs, lors de notre première sortie, nous n'avons rien fait. Nous avons juste regardé les autres, ce qui était d'ailleurs très excitant !* »

Ainsi, les hommes se rendent compte que leur femme prend du plaisir avec d'autres, parfois plus, ou bien l'expriment davantage, et différemment. Pascal Giraudeau confirme : « *Certains hommes veulent jouer les apprentis sorciers et se retrouvent dépassés !* »

Alors Messieurs, si vous initiez votre compagne au libertinage, sachez que vous risquez de la découvrir comme vous ne l'avez jamais vue !

3. libertinage : codes et pratiques

Le libertinage, nous l'avons vu, ne se réduit pas à l'échangisme. De sa définition originelle de « simple » échange de couples, **il est devenu un concept générique qui recouvre une multiplicité de pratiques**. Voici un petit lexique libertin à l'usage des non-initiés, qui regroupe tous les fondamentaux du libertinage…

BISEXUALITÉ

D'un côté, le libertinage a tendance à survaloriser la bisexualité féminine, en la considérant comme un « must ». Pour bon nombre de libertins, les jeux lesbiens constituent soit un préambule à l'échange de partenaires, soit une fin en soi. Quoi de plus facile pour les femmes, dans un contexte libertin, que de tenter une expérience sexuelle sans lendemain avec une partenaire du même sexe ? C'est ce que de nombreuses femmes viennent chercher, et leurs compagnons ravis n'en demandent parfois pas plus que de les regarder s'ébattre. Il arrive également que les hommes s'occupent exclusivement de leur femme pendant qu'elles se font câliner par leur amie d'un soir… Mais, en même temps, **la bisexualité féminine peut être banalisée, à tel point que la plupart des libertins considèrent les femmes comme bisexuelles « par nature »**. Sur Internet, les annonceurs doivent préciser, si c'est le cas, que la femme du couple n'est pas bisexuelle.

Si la bisexualité féminine semble aller de soi, est-il utile de préciser qu'il n'en est absolument pas de même pour les hommes ? Comme nous l'écrivions dans un précédent livre, *Osez la bisexualité*, les tabous ne sont pas absents du milieu libertin, et la bisexualité masculine en est un. Nous fûmes très surpris lorsqu'un patron d'un des plus grands clubs parisiens nous a confié : « *Si je vois deux hommes en train de baiser ensemble, je les vire sur-le-champ, manu militari !* » On aurait pu croire, pourtant, que les clubs libertins étaient des espaces de liberté sexuelle absolue ! En fait, il n'en est rien, et les jeux de langues, de mains ou de sexes entre hommes ne sont pour l'instant réservés qu'aux saunas bi, ou aux soirées dédiées à la bisexualité masculine. Reste à espérer que les mœurs évoluent…

BOUGER

Le verbe « bouger », dans une soirée libertine, veut simplement dire « passer à l'acte ». Dans les conversations entre libertins, on peut surprendre, parfois, les propos suivants : « Ça a bougé, hier soir, à la soirée de Roger ? », qui veut dire, tout simplement : « Est-ce que les gens ont baisé, ou sont-ils restés à siroter leur champagne sur le canapé, en parlant du baptême du petit dernier ? »

> Lors d'une nuit en club, nous avons surpris ce dialogue – authentique ! – entre deux libertins « débutants » :
> « Tu bouges, toi, en soirée ?
> — Oui, moi, je bouge sur tout ce qui saute ! »

CANDAULISME

Candaule, roi de Lydie, descendant d'Héraclès, considérait son épouse comme la plus belle femme du monde. Il n'avait de cesse de vanter sa beauté à Gygès, l'un de ses officiers. Un jour, il l'invita à contempler son épouse, nue, à son coucher. Gygès déclina d'abord son offre, puis céda à l'insistance du roi. L'officier put admirer la beauté parfaite de la souveraine. Par malheur, elle l'aperçut alors qu'il se dérobait. Elle s'indigna et jura de se venger... Le lendemain elle demanda à Gygès de tuer son époux, en échange de la vie sauve. Gygès s'exécuta et accéda au trône. Ce fut la fin de la dynastie des Héraclides.

Le candaulisme est un terme en vogue depuis peu de temps dans le milieu libertin. **Cette forme de voyeurisme consiste à ressentir une excitation lorsque l'on observe sa partenaire exposée au regard des autres, ou en train de faire l'amour avec d'autres personnes, hommes ou femmes. Le candaulisme met en jeu à la fois l'exhibitionnisme et le voyeurisme.** Il peut être l'expression, paradoxalement, d'un fantasme de possession.

Ainsi, Marc, libertin francilien, nous a confié qu'il aimait voir sa femme faire l'amour avec d'autres hommes : « C'est dans ces moments où d'autres hommes la possèdent que je la sens m'appartenir. Étrange, non ? »

CÔTE À CÔTISME

Cette expression, assez récente, désigne **le fait de faire l'amour avec son partenaire habituel, à côté d'un autre couple, sans s'échanger ni même se mélanger**. Comme dans le candaulisme, l'excitation tient à la fois du voyeurisme et de l'exhibitionnisme. Le côte à côtisme s'est beaucoup développé ces dernières années. Il est largement pratiqué en clubs libertins par des couples désireux de stimuler leur libido tout en préservant l'exclusivité de leur relation. Un libertinage « light », en somme…

DOOR OPEN

Littéralement, porte ouverte. **Il s'agit d'une forme avancée de « côte à côtisme » : un couple fait l'amour, tandis qu'un autre s'ébat dans la pièce d'à côté.** Entre les deux pièces, on aura laissé une porte ouverte.

ÉCHANGISME

L'échangisme au sens strict consiste, comme le nom l'indique, en un échange de partenaires. « J'échange ma femme contre la tienne » : cette pratique qui résumait autrefois le libertinage n'est devenue qu'une possibilité parmi d'autres dans l'éventail des jeux entre adultes consentants. Teinté d'un certain machisme, il sous-entend que la femme constitue finalement une monnaie d'échange lors des soirées.

EXHIBITIONNISME

Le terme désigne le fait de se montrer nu en public, et d'en retirer du plaisir. L'exhibitionnisme en milieu libertin ne consiste évidemment pas à ouvrir son imperméable devant les premiers venus ! **Le libertinage est déjà, en soi, une forme d'exhibitionnisme.** Il s'avère préférable, pour le pratiquer, d'éprouver du plaisir à se montrer nu. Certains libertins ne pratiquent que l'*exhib*, sur Internet, par webcam interposée, ou encore, en club, pour le plaisir d'être regardés en train de faire l'amour. Certains couples organisent des plans *exhib*, sur des parkings par exemple. Ils peuvent faire l'amour tout en regardant un autre couple s'ébattre dans la voiture garée à côté, portière ouverte. Ces exhibitions n'ont souvent d'autre finalité qu'elles-mêmes, et débouchent rarement sur un contact charnel entre les protagonistes, qui n'échangent d'ailleurs pas forcément la moindre parole. Dans ce cas, l'exhibitionnisme se lie au côte à côtisme.

Les lieux (évidemment non-officiels) d'exhibition sont connus par le bouche à oreille, et surtout par Internet. **L'exhibitionnisme est l'envers du voyeurisme. Ces deux pulsions sont complémentaires. L'un érotise le fait d'être vu, et l'autre celui de voir.**

L'article 222-32 du Code pénal français précise que « L'exhibition sexuelle imposée à la vue d'autrui dans un lieu accessible aux regards du public est punie d'un an d'emprisonnement et de 15 000 euros d'amende. » Vous voilà prévenus !

GANG BANG

Cette expression anglaise désignait à l'origine le viol en réunion. Aujourd'hui, **le gang bang, sexualité de groupe qui implique une femme et un nombre d'hommes indéterminé**, est devenue une niche dans l'industrie pornographique, et un thème de soirée dans les clubs libertins. Certaines libertines, telles de véritables reines des abeilles, sont friandes de ces jeux. Du point de vue des patrons de clubs, ces soirées sont lucratives dans la mesure où elles permettent de faire rentrer un maximum d'hommes seuls.

À moins que vous ne soyez vraiment friands de ce genre de concept, méfiez-vous, car ils sont souvent organisés par des clubs qui rencontrent des difficultés à démarrer, ou, au contraire, en perte de vitesse…

HOMME SEUL

L'homme seul a plutôt mauvaise réputation dans le milieu échangiste. Il est célibataire, il n'a donc rien à « échanger ». **Pièce rapportée dans les clubs, on dit souvent de lui qu'il est « affamé ».** D'abord, parce qu'il faut l'être pour passer la porte d'un établissement libertin dans le but de faire l'amour à une femme sous la surveillance permanente de son mari, mais aussi parce que le tarif d'une entrée en club pour un single est généralement prohibitif.

Notre célibataire aura donc tendance, naturellement, à vouloir rentabiliser son investissement ! Il a cependant tout intérêt à maîtriser ses ardeurs, car les patrons sont là, généralement, pour éviter tout débordement. Il devra faire preuve de gentillesse, de courtoisie, éviter de solliciter les couples, et, au contraire, se mettre à leur service si les dames ont des envies de pluralité masculine.

Didier Menduni raconte dans une interview ce qu'il ressentait lorsqu'il sortait seul dans les clubs :

> « Je n'ai jamais eu d'a priori par rapport au monsieur… Comme quoi je pourrais combler une défaillance ou autre… Non ! J'étais leur jouet et cela me suffisait. Je ne tirais aucune excitation particulière à la présence du Monsieur, qu'il regarde simplement ou bien qu'il participe… Mon but unique, c'était vraiment le plaisir de la dame. Je partais du principe que si la dame acceptait de franchir le pas, il fallait la récompenser, la combler. En fait je m'accommodais très bien de m'offrir à une épouse devant son mari dans la mesure où une fois la rigolade terminée, chacun retourne chez soi sans plus de question ou d'explication. »[1]

Certains hommes monnayent les services d'une prostituée pour passer l'entrée en soirée couples. Peut-on encore parler de libertinage ? Certainement pas, et pourtant, cela existe. Selon Pascal Giraudeau, c'est un phénomène largement minoritaire.

---

1. *Libertin(e) aujourd'hui*, éd. De Mes Sens, p.155.

« *Cela fait partie*, explique-t-il, *des dommages collatéraux du libertinage, depuis qu'il est devenu à la mode. Certains hommes n'ont pas le courage de parler sexualité, en toute transparence, avec leur femme. Ils vont préférer donner 500 euros à une escorte pour qu'elle les accompagne en club. Ce sont des hommes généralement plutôt matures, à partir de 50 ans. La fille, elle, en a 25 !* »

MÉLANGISME

Sans doute l'un des premiers avatars de l'échangisme. Il consiste en un mélange des corps (et des genres !), à partir de trois individus, sans pénétration « hors couples ». Autrement dit, tout est permis (et rien n'est obligatoire !) en matière de caresses buccales et manuelles, mais la pénétration est réservée aux couples officiels.

TRIOLISME

Cette forme privilégiée de libertinage est aussi désignée par l'expression « plan à trois ». En général, il s'agit d'un couple auquel se joint une tierce personne, homme ou femme. Le trio offre de jolies combinaisons et permet une grande complicité sexuelle entre les protagonistes…

Dans les clubs, les soirées trio désignent celles qui acceptent les hommes seuls selon un quota, en général un homme seul pour un couple.

C'est pour cela que l'on croise souvent, à l'extérieur des clubs libertins, des hommes seuls attendant qu'un couple passe la porte pour espérer rentrer lui aussi...

Enfin, il convient d'ajouter à cette liste qui regroupe des termes ultra pointus, celui, très générique, de « *partouzeur* », que revendique Didier Menduni. Notre expert considère que toutes les catégories que nous venons d'évoquer sont autant de barrières érigées par des gens tentés par le libertinage, par snobisme ou par ennui, mais qui n'ont ni l'envie ni le courage d'aller au bout de leur démarche :

> « Les gens sont capables de transgresser des barrières, explique-t-il, mais à peine celles-là franchies, ils en reconstruisent d'autres. Moi, je ne suis ni côte à côtiste ni mélangiste, ni même échangiste, je suis un partouzeur ! Je reçois parfois des courriers de gens qui se plaignent qu'un club n'a pas de salons qui ferment à clé. J'ai envie de leur dire d'inviter un couple chez eux, ce sera beaucoup plus simple ! Non, si l'on a absolument besoin de barrières, autant que le libertinage reste un fantasme.
> Ce sont les mêmes personnes qui considèrent que l'on est forcément déçu si l'on vit ses fantasmes ! C'est évidemment complètement faux ! Si on veut bien laisser libre cours à ses désirs, on se rend compte que l'esprit humain est une véritable usine à fantasmer. Un fantasme en entraîne un autre... Ce qui n'implique pas forcément une surenchère, et des déviances ! »

Les premiers pas

Chaque couple fonctionne bien sûr selon des codes qui lui sont propres. Mais, d'après tous les témoignages que nous avons pu recueillir, **il apparaît que certains prérequis sont fondamentaux**.

Lors de l'enquête que nous avons menée auprès de couples libertins pour préparer ce livre, à la question « Quels conseils donneriez-vous à un couple désireux

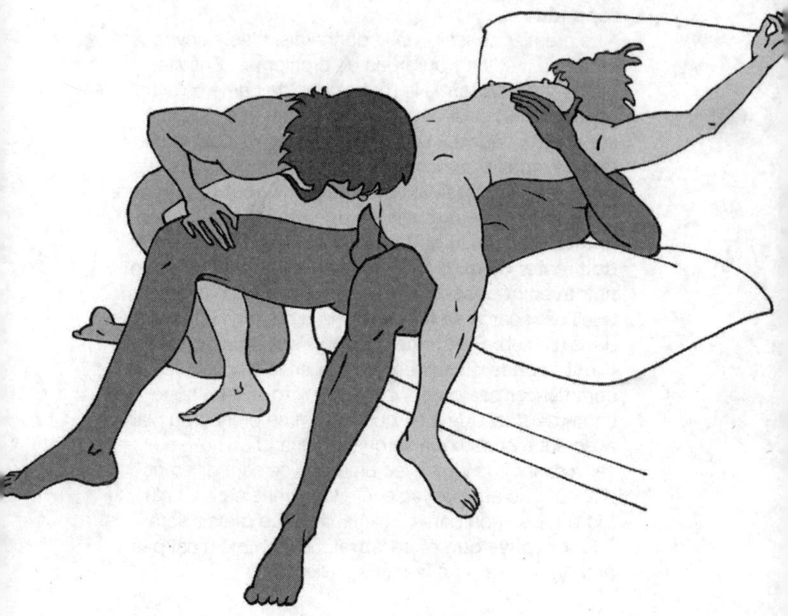

de tenter l'expérience du libertinage ? », les réponses s'orientaient invariablement sur **la complicité intellectuelle, l'entente sexuelle, et plusieurs années de vie commune...**

Les conjoints préserveraient ainsi leur couple d'une certaine usure, à condition, bien sûr, que les envies de chacun soient respectées et que les pratiques libertines ne deviennent pas trop envahissantes. L'équilibre d'un couple repose évidemment sur d'autres activités sociales.

Didier Menduni, questionné à ce sujet, nous a répondu :
« Le premier conseil que je donnerais, c'est : soyez amoureux, et il n'y aura pas de problèmes. Ensuite, parlez-vous de tout. Ne mettez pas de barrières avant d'y aller. Sauf peut-être, sur des points très précis comme : « Puis-je, ou non, embrasser ? » Quand vous repartez, parlez franchement de tout ce que vous avez aimé, ou pas. **Ainsi, le libertinage ne peut fonctionner dans un couple que s'il y a une réelle communion autour du sexe. Il ne faut pas qu'il soit sacralisé. Il doit rester ce qu'il est : un jeu. Pour cela, il faut en finir avec la possessivité**. Un homme qui n'aime pas que l'on regarde sa femme dans la rue n'a rien à faire dans un club. **Personne n'appartient à personne. C'est la base.** Ensuite, je conseillerais aux couples de commencer par jouer avec des sex toys. Il faut que l'homme s'habitue à ce que sa femme prenne du plaisir avec autre chose que sa queue. Quand un homme verra sa femme jouir avec un autre, ce sera différent d'avec lui, c'est inévitable. Ce sera certainement plus fort qu'avec son partenaire habituel. **Le plaisir sera à la fois physique et cérébral.** Si l'homme n'est pas préparé à cela, il ne faut pas y aller ! »

Il serait donc inutile de se mettre des barrières ? « *Évidemment*, poursuit notre expert. *Il faut monter sur la planche de surf, et voir où la vague va nous mener. Une fois revenu sur le rivage, on peut réfléchir à ce que l'on a aimé ou pas, et voir ce que l'on envisage pour l'avenir.* » Mais pour une première soirée en club, on peut aussi se dire que l'on y va pour voir…

L'animateur Patrick Sébastien, grand connaisseur du milieu échangiste (et grand ami de Denise, ex-patronne du club parisien le 41, à qui il a consacré un livre), nous a confié que, selon lui, il est préférable de « *ne rien faire la première fois. Simplement regarder ce qui se passe, y repenser par la suite. Et si vous vous sentez assez costaud pour faire quelque chose la deuxième fois, allez-y ! Ce sont des endroits formidables, où l'on peut vivre ses désirs en toute liberté, ou l'on n'est pas jugé, et où il n'y a besoin d'aucun investissement affectif. L'amour fait mal, pas le sexe. Du moins, si l'on prend les précautions nécessaires !* »[1]

On peut aussi se dire que si l'on se rend en club libertin, c'est que l'on y a déjà pensé, que l'on a déjà imaginé ce que l'on pourrait y faire.

Le sexe à plusieurs peut, par exemple, faire l'objet de conversations excitantes chez un couple en train de faire l'amour. Ainsi, si l'homme est allongé sur le dos, et que sa partenaire vient s'empaler sur lui, ils peuvent très bien imaginer, ensemble, l'intervention d'un autre homme. Celui-là pourrait venir s'enfoncer dans l'anus bien ouvert de la femme en position de la cavalière. Ou

---

1. Interview accordée au magazine *Interconnexion*, n° 112, juillet-août 2005.

bien, si la femme se fait prendre en levrette, ils peuvent tous les deux imaginer que celle-là va sucer un autre homme...

Si un couple a déjà élaboré psychiquement tout cela, toute barrière devient dès lors inutile. Une fois en situation, les choses arriveront naturellement, ou pas.

Comme le dit avec humour Didier Menduni :
« Si un couple s'engueule en sortant d'un club, c'est qu'ils ne sont pas faits pour ça, ils auront gagné du temps. L'important, c'est de parler de tout. Le cancer du couple, c'est le non-dit. Et le premier non-dit entraîne rapidement tous les autres... Pour aller dans le libertinage, il faut beaucoup parler à son conjoint. Si le mec y va uniquement parce qu'il veut baiser d'autres filles, ça ne marchera jamais ! Sa femme prendra vite l'ascendant et mènera le jeu, ou alors, le quittera ! »

Le libertinage, panacée pour le couple ?

Le libertinage, vous avez essayé et vous en êtes à présent convaincu : c'est merveilleux. Vous vivez dans une parfaite complicité avec votre partenaire, vous avez atteint un épanouissement sexuel optimal, et rien ne saurait ternir ce tableau idyllique. En refusant les codes du couple traditionnel, vous pensez que la fin de l'exclusivité sexuelle vous mettra à l'abri de tout ce qui ronge un couple classique : les non-dits, l'infidélité, l'insatisfaction muette et résignée…

QU'EN PENSENT LES SPÉCIALISTES DE LA SEXUALITÉ ?

Dans son étude, « *la rencontre amoureuse* » (2009), Quentin Debray, psychologue cognitiviste et comportemental, analyse le microcosme amoureux. Il énumère les pratiques « *à risque* » pour les couples, et notamment celles qui relèvent de ce qu'il nomme la « *polysexualité* », dont l'échangisme fait partie. Ces pratiques sont considérées comme toxiques et destructrices pour le couple, car elles « *instaurent des rites obligatoires dans un domaine qui doit rester libre et créatif* ».

À l'inverse, pour le professeur Willy Pasini, « *au rythme rassurant d'une vie à deux, beaucoup d'hommes et de femmes préfèrent la solution d'une sexualité au format multiple, de rencontres-croisements avec d'autres couples qui distraient et diversifient leur vie sexuelle sans créer pour autant de fracture. En effet, de retour chez eux, les échangistes aiment se raconter ce qui s'est passé et retrouver ensuite le désir de faire l'amour, mais cette fois à deux.* »[1]

Selon Pasini, les couples qui vivent intelligemment, et en concertation permanente, ne trahissent jamais leur engagement de couple dans le libertinage. Celui-là en sort au contraire renforcé.

Le libertinage profiterait donc à certains couples, et pas à d'autres !

Rappelons cette banalité, mais qui pourtant fait sens : au sein d'un couple, la communication est de la plus haute importance. Un partenaire ne doit jamais forcer l'autre à faire quoi que ce soit. **Le libertinage est une démarche de couple, qui doit se décider à deux.**

UNE BONNE EXPÉRIENCE...

Julie, 32 ans, conseillère bancaire, mariée et mère d'un petit garçon, confie volontiers que le libertinage a sauvé son couple, et lui a redonné confiance en elle. Elle m'a raconté avec plaisir sa première fois en club libertin.

---

1. Willy Pasini, *Les nouveaux comportements sexuels*, Odile Jacob, 2003, p. 171.

« Avec mon mari, Alex, nous étions mariés depuis cinq ans, et le cul, ce n'était plus vraiment ça. L'arrivée de notre enfant a bouleversé notre vie de couple. Nous ne baisions plus qu'en dix minutes chrono le dimanche matin. Nous travaillons tous les deux, et avec un enfant, nous étions trop fatigués pour faire l'amour le soir. Nous nous disions que le temps que nous passions à baiser empiétait sur notre temps de sommeil ! Nous nous aimions toujours très fort, mais malgré tout, nous avions peur de nous perdre. J'ai lu un article sur le site Internet d'une magazine féminin, consacré aux couples qui parvenaient à relancer leur sexualité grâce à l'échangisme. C'est moi qui ai fait le premier pas. J'en ai parlé à Alex, qui a d'abord cru que je blaguais. Puis, j'ai compris que cette idée l'émoustillait. Nous ne connaissions aucun établissement, sauf celui dont Thierry Ardisson parlait tout le temps, dans ses émissions, vous savez, celui qui se trouve rue Thérèse, à Paris ! Alors que nous attendions, le cœur battant, dans le petit sas, scrutés par une caméra, nous nous sommes regardés en nous demandant si nous n'allions pas rebrousser chemin, et demander à la baby sitter de rentrer chez elle. La porte s'est ouverte, c'était Valérie, la maîtresse des lieux, une jolie brune, qui nous a regardés des pieds à la tête. Elle m'a fait un grand sourire, et m'a lancé : « Mademoiselle, vos chaussures, ça ne va pas. Mais comme vous êtes très mignons tous les deux, je vous laisse entrer… » C'est vrai que j'avais des chaussures de ville, jolies mais plates… Elle m'a demandé ma pointure, s'est éclipsée derrière le comptoir de l'accueil, et est revenue avec des escarpins ultra-sexy, avec des talons démesurés, comme je n'en avais jamais porté ! Nous avons descendu les escaliers, mes jambes tremblaient un peu, mais peu à peu je fus conquise par l'ambiance des lieux. C'était feutré et sensuel… Nous avons dansé, bu quelques coupes, et beaucoup parlé de ce que nous ressentions, de ce que nous voyions. À un moment, j'ai pris Alex par la main pour l'emmener dans les « salons », qui étaient bien séparés de la piste de danse (il paraît que c'est toujours comme ça...). Il faisait un peu chaud, un parfum de menthe et de chlorophylle masquait les odeurs des corps qui s'échauffaient dans la pénombre. C'était la première fois que je voyais des gens faire l'amour si près de moi. Les couples baisaient partout, se mélangeaient, s'échangeaient... Mais tout cela se faisait sans brutalité, presque sans bruit si ce n'est quelques gémissements. Je serrais la main glacée d'Alex. Il était stressé, et excité en même temps... Je sentais que j'étais en train de tremper ma culotte ! En rentrant à la maison, nous nous sommes jetés l'un sur l'autre. Nous avons baisé comme des fous, en imaginant à haute voix ce que nous aurions pu faire... Cela faisait longtemps que nous n'avions pas fait l'amour comme cela. Le samedi suivant, nous y sommes retournés. Nous ne nous sommes pas lancés tête baissée dans l'échangisme, mais nous avons commencé par faire l'amour à côté d'un autre couple. Puis, nous avons tenté le mélangisme.

Pour la première fois, depuis des années, j'ai sucé un autre homme, pendant qu'Alex me prenait par-derrière. C'était tellement grisant, comme si tout, sexuellement, devenait possible. Nous sommes vite devenus accros. Quand notre fils était en vacances chez ses grands-parents, nous avions envie de sortir tous les soirs ! Il faut faire attention néanmoins, ne pas faire que ça et se garder des moments rien qu'à nous. Mais je n'ai pas peur de dire que le libertinage a vraiment relancé notre couple. Je me sens plus épanouie, et donc plus sexy. Nous projetons d'avoir bientôt un deuxième enfant, mais en aucun cas nous ne serions prêts à renoncer à ce mode de vie. Je suis certaine que pour être une bonne mère, il faut être sexuellement épanouie ! D'ailleurs, mon psy me l'a confirmé ! »

ET UNE MOINS BONNE...

Florence, 37 ans, se souvient de sa première fois en club libertin à l'initiative de son compagnon. Son témoignage est particulièrement intéressant, car il illustre un cas de figure très fréquent parmi les couples désirant pimenter leur sexualité par ce type d'expérience, mais qui la mènent sans complicité ni concertation.

> « La première fois que je suis allée en club échangiste, c'était il y a dix ans, chez Chris et Manu. À l'époque, mon compagnon, Thierry, m'avait proposé une sortie "libertine", et j'avais accepté, après une longue réflexion, un peu par curiosité, mais surtout pour lui faire plaisir. Quand nous avons sonné à la porte, mon ventre était noué, je sentais confusément que je n'étais pas prête. La patronne, Chris, nous a ouvert, et nous a demandé nos prénoms. Je m'en suis inventé un, ça m'est venu comme ça, je ne sais pas pourquoi.
> Thierry connaissait déjà les lieux, je me suis laissée guider, jusqu'au bar. C'était un vendredi soir, une soirée "trio" comme me l'a expliqué Thierry. Soirée trio, ça veut dire tout simplement que les patrons de l'établissement laissent rentrer les hommes seuls. Nous nous sommes installés sur un canapé. L'endroit ressemblait à une boîte de nuit classique, l'ambiance était plutôt sympa, mais je n'arrivais pas à me détendre. Un couple est venu nous aborder. Ils devaient avoir quarante ans (moi, à l'époque, j'en avais vingt-cinq). Ils nous ont invités à prendre un verre avec eux. Thierry a beaucoup discuté avec eux. Moi, je me sentais larguée. Je savais que quelque chose se préparait, qu'ils arrangeaient entre eux ce qui allait se passer. Finalement, ils se sont levés tous les trois et Thierry m'a prise par la main.
> Nous nous sommes dirigés vers un "salon câlin".
> Je n'avais pas l'intention de faire quoi que ce soit.

Ils ont commencé à se déshabiller, à se caresser. Moi, j'étais pétrifiée, je ne voulais rien faire. J'ai quitté le salon et je suis allée m'asseoir au bar. Au bout de quelques minutes, Thierry est venu me chercher. Il était en slip ! À partir de là, j'ai décidé de lâcher prise… Je me suis allongée sur un matelas, et la femme du couple s'est occupée de moi. Elle m'a déshabillée, et m'a caressée partout, les seins, la chatte… Elle m'a léchée. Je n'ai pas vraiment ressenti de plaisir, mais ce n'était pas désagréable non plus. Elle me réconfortait, m'apaisait. Je gardais les yeux fermés. Pour moi, ce qui arrivait devait être un rêve, ou un cauchemar. Ensuite, son mari est venu vers moi. Il m'a vaguement caressée, et m'a très vite pénétrée. Pendant ce temps, je regardais Thierry. La femme le branlait, le suçait, mais, à mon grand étonnement, il ne bandait pas. Lui qui avait été à l'initiative de cette sortie, qui semblait initié à ce milieu, en connaître les codes, je me suis rendu compte qu'il ne faisait que fantasmer le libertinage, et que, loin de vouloir vivre une expérience sexuelle de couple, partagée et complice, il s'était servi de moi comme d'un « passeport » pour entrer dans ce club. Finalement, il se montrait dépassé par ses velléités… L'homme me baisait fougueusement, mais je ne ressentais rien. Sa femme est venue nous rejoindre, elle m'a embrassée. L'homme a joui rapidement.

À la fin, le couple m'a questionnée sur ce que j'avais ressenti pendant cette expérience. Comme ils avaient été gentils, je ne voulais pas les vexer. Je leur ai dit que ça m'avait plu. Thierry m'a jeté un regard assassin. Il ne m'adressait pas la parole. Nous avons ramassé nos affaires, et nous avons rejoint le couple au bar. Thierry a pris leurs coordonnées, et nous sommes sortis. En se dirigeant vers la voiture, Thierry m'a lancé, sur un ton glacial : « Apparemment, ça t'a plu ! Tu es vraiment une salope ! » Je n'ai pas répondu. C'est à ce moment qu'il s'est énervé. Il m'a plaquée contre la voiture, et m'a fait comprendre qu'il voulait baiser sur-le-champ ! Je lui ai dit que c'était hors de question.

Je l'ai repoussé. Je sentais qu'il me reprochait ce qui s'était passé. C'est lui qui n'avait pas réussi à bander, et c'était comme s'il m'en rendait responsable… »

Libertinage et dépendance

Pour les couples qui ont largement dépassé ces expériences de débutants et qui se sont « installés » dans le libertinage, **un autre risque existe : celui de la dépendance à ce type de sexualité.**

Yann Moix parle fort bien des risques du libertinage dans une interview qu'il nous a accordée pour le magazine *Interconnexion*, à l'occasion de la sortie de son ouvrage *Partouz*.

À l'époque, il fréquentait assidûment les clubs libertins et ne manquait jamais de faire l'éloge de ce milieu. Il décrit fort bien le mécanisme de dépendance sexuelle auquel cette sexualité l'a mené :

> « J'ai souvent rêvé d'un monde sans sexe. On se rend compte, dans la vie, que les gens ne sont jamais vraiment eux-mêmes parce qu'ils sont dans le sexe en permanence. Soit ils vont vers le sexe, soit ils en viennent. La plupart des voitures qui circulent dans Paris se déplacent vers un but qui a quelque chose à voir avec le sexe. Parfois, je me dis : ce serait génial que les gens s'intéressent à la peinture, à la littérature, au cinéma… Qu'on arrête le sexe pendant un an, pour voir ce que les gens ont vraiment dans le coffre ! On aimerait parfois se reposer un peu du sexe, de cette obligation d'avoir à le pratiquer… Moi, par exemple, si je ne baise pas pendant quinze jours, je le vis comme un manque à gagner. Je me dis que c'est du gâchis, quelque chose qui va être décompté sur mon temps de vie. Je me suis déjà forcé pour aller en club échangiste ! Je me dis toujours : c'est maintenant qu'il faut en profiter, dans quinze jours je ferai partie des vieux. »[1]

Il arrive que les hommes souffrent d'un complexe quant à une obligation de résultat qu'ils s'imposent à eux-mêmes,

---

1. *Interconnexion* n° 104, novembre 2004, p. 17.

souvent à tort. **Mais les hommes sont, culturellement, peu habitués aux débordements de la sexualité féminine, lorsqu'ils s'expriment si ouvertement.**

« [Dans un club libertin], affirme Yann Moix, *il faut quand même un peu d'expérience pour complètement intérioriser le fait que toutes les filles qui sont là veulent vraiment se faire baiser. De même que l'on se rend compte avec le temps que les filles ne vous en veulent pas si vous ne bandez pas. Beaucoup de filles m'ont confié qu'en général les hommes, en club, sont moins performants qu'à la maison ! Au début, j'étais terrorisé.*
Je me souviens d'un soir ou j'étais avec une fille qui me plaisait vraiment. Je sentais qu'elle m'aimait bien aussi, mais je bandais un peu mou. Au bout d'un moment, un homme qui bandait comme un cerf est arrivé. Elle m'a regardé d'un air désolé, et est partie le sucer. Il n'y a pas de place pour le sentimentalisme. C'est aussi pour cela que c'est bien. On vient en club pour éviter d'avoir à draguer, comme dans les boîtes normales où, un whisky-coca tiède à la main, on se prend des râteaux avec les plus belles filles. En club, on se prend aussi des râteaux, mais c'est beaucoup plus soft, plus feutré. La fille va retirer délicatement votre main de son corps, sans méchanceté. On ne se sent pas humilié. En tout cas, on ne va pas en boîte échangiste parce qu'on est un gros porc, mais plutôt parce qu'on est un grand timide, ou un obsédé sexuel. Mais les obsédés sexuels sont de grands sentimentaux… »[1]

---

1. *Interconnexion* n° 104, novembre 2004, p. 18.

4. Internet : le nouvel Eldorado libertin ?

Comment les libertins se rencontrent-ils aujourd'hui ?

Dans la grande majorité des cas, le premier contact avec le libertinage s'effectue sur Internet.
Le Web permet, dans un premier temps, de fantasmer tout en restant caché. Quand un couple se sent prêt à sauter le pas, il contacte ou se laisse contacter sur un site libertin, échange des photos, se montre en webcam, et concrétise une rencontre, soit dans un lieu privé, soit en club.

INTERNET A-T-IL MODIFIÉ LES PRATIQUES LIBERTINES ?

Une grande partie de cette vaste nébuleuse qu'est Internet répond à la principale préoccupation des humains : le sexe. Par conséquent, à cette immensité du réseau, répond celle, fascinante et complexe, des pratiques humaines en matière de sexualité. Délaissant l'industrie pornographique et ses visées mercantiles qui occupent une grande place sur la toile, des amateurs de sexe désintéressés utilisent la toile pour nourrir et cultiver un art de vivre. Ceux-là sont les libertins. Or, ils ne se ressemblent pas et il existe diverses manières d'aborder le libertinage en ligne.

Nous essaierons pourtant de dégager **deux tendances principales** :

Certains utilisent la toile à des fins exhibitionnistes. L'exhibition ne mène pas forcément, pour eux, à des rencontres. Cela est secondaire. Ces couples se photographient, se filment parfois en vidéo, exploitent toutes les possibilités de la webcam. **Le résultat est plus ou moins heureux, mais le plaisir de montrer son corps, statique ou en action, est pour eux fondamental.**

Les autres, pour qui Internet ne constitue pas une fin en soi, sont amusés par l'idée de s'exhiber, mais sans plus. Une fiche sur un site libertin ne constitue pour eux que l'occasion de donner des informations sur leur physique et sur leurs pratiques. Internet n'est que le moyen de donner leur carte de visite à des centaines de personnes à la fois. Ils veulent du concret, sont décidés et ne veulent pas perdre de temps en *chat*. Leur préoccupation majeure est de décourager les « fantasmeurs » et d'éliminer les faux couples de leurs contacts. Il est tellement facile de se cacher derrière un pseudo !

Passer une annonce

À une époque pas si lointaine, celle des annonces sur papier, les libertins devaient trouver un photographe discret pour faire développer et tirer leurs photos argentiques, rédiger une présentation écrite, faire parvenir des courriers aux magazines libertins, gérer les réponses… **Internet a totalement changé la donne.** Aujourd'hui, dix minutes suffisent pour se créer un profil couple, homme seul ou femme seule sur un site spécialisé.

La toile permet aux couples de tester, d'abord de façon virtuelle, l'univers du libertinage, d'alimenter leurs fantasmes, de leur donner une demi-vie, avec le projet de passer un jour, éventuellement, à l'acte. La plupart des couples qui se rencontrent sur la toile préfèrent faire connaissance la première fois, en club, pour être sûrs « de ne pas se tromper »… Le cadre y est sécurisé, et on se sent moins obligé de passer à l'acte si la rencontre est décevante.

Plus de 70 % des couples ont donné leur premier rendez-vous en club (source : Denis Fruleux). Ensuite, les rencontres s'effectueront, si le courant est passé, dans des contextes plus intimes. « *Le point fort des* *sites libertins spécialisés, précise Denis Fruleux, est qu'ils fonctionnent à toute heure, quel que soit le lieu où l'on se trouve et dans un anonymat parfait.* »

On peut aussi fréquenter un site libertin pour s'exhiber, échanger des vidéos ou des photos. Certains couples adorent *chatter* tout en s'exhibant grâce à une webcam, mais n'envisagent en aucune façon d'aller plus loin. **Les sites libertins sont parfois utilisés comme des sites communautaires, avec leur part d'exhibitionnisme et de narcissisme. Certains sites sont devenus de véritables Facebook du sexe.** Au moins, sur un site échangiste, on ne risque pas de se faire blacklister son profil parce que l'on s'est montré en photo tout nu, à quatre pattes !

Christophe Soret, de Netechangisme : « Il existe une véritable communauté libertine sur Internet »

Le site Netechangisme.com, créé en 2001, regroupe la plus grande communauté libertine de France. Christophe Soret, responsable de la communication du site, est certainement le mieux placé pour analyser l'engouement actuel pour cette sexualité.

□ Pierre Des Esseintes : **Peut-on parler, aujourd'hui, de communauté libertine ?**

■ Christophe Soret : Il est étonnant de constater que **la rencontre ne constitue pas forcément une priorité. Le côté communautaire prime sur la rela-**

tion sexuelle concrète. C'est exactement ce qu'un club libertin devrait apporter aujourd'hui.

Trop d'établissements libertins considèrent qu'ils doivent fournir à leurs clients des lieux pour se rencontrer et baiser. **Or, la vocation d'un club ou d'un site Internet, c'est d'offrir aux gens un espace sécurisé, ou ils auront la possibilité d'avoir une vie sociale.**

Lorsque je parle avec des couples en soirées, ils avouent en général n'avoir des rapports sexuels avec d'autres couples qu'une fois par mois, au maximum ! C'est très étonnant ! Les couples viennent prendre un verre, danser, s'exhiber un peu…

Certains couples deviennent de vrais amis, et ont simplement plaisir à se retrouver, sans que cela aille plus loin. Une sortie en club est l'occasion de vivre une parenthèse privilégiée, un moment entièrement dédié à son couple, sans enfants, sans téléphone, sans Internet.

□ Un site Internet comme le vôtre, c'est donc un club libertin géant ?

■ Oui, exactement. Un site Internet, c'est une grosse boîte de nuit, une grande ville libertine, une sorte de Cap d'Agde virtuel. Il est d'ailleurs amusant de constater que les abonnés ont un sentiment communautaire très fort. Ils pensent être coupés du monde, alors qu'ils se trouvent sur un réseau mondial, et qu'ils vont être vus, davantage que s'ils passaient à la télé !

☐ La tendance générale, c'est une désaffection des clubs, et une explosion d'Internet ?

■ L'engouement pour le libertinage sur Internet n'est pas nouveau, il a commencé en 2003-2004. **Mais aujourd'hui il y a un boom des soirées privées.** Avant, le libertinage se vivait dans les clubs, aujourd'hui ça se passe chez les uns ou les autres.

☐ Ce n'est pas dangereux, de recevoir ainsi des inconnus chez soi ?

■ Ouvrir la porte à des gens que l'on ne connaît pas et avec qui il risque de se passer quelque chose, c'est quand même très excitant ! (rires) Sérieusement, nous n'avons jamais entendu parler de faits divers dans le milieu libertin. La police ne nous a jamais contactés pour savoir qui se cachait derrière tel pseudo. Le fonctionnement du site permet de vérifier à qui on a affaire. Il y a un système de certification, les abonnés peuvent faire des commentaires sur les autres, les recommander ou pas. Les amis communs et la webcam permettent de savoir à qui l'on a affaire. Nous avons d'autres soucis, mais pas ceux-là !

☐ Lesquels ?

■ Parfois, des couples divorcent, et l'homme garde la fiche couple. Des femmes nous appellent parfois en nous disant que leur ex-mari continue à exploiter des images d'elles. Mais ce sont des problèmes liés à Internet, pas au libertinage.

☐ Les réseaux communautaires, c'est une vraie concurrence pour vous ?

■ Non, dans la mesure ou un réseau comme Facebook n'offre aucune garantie, il n'y a aucune sécurité communautaire, pas de certification, pas de témoignages. Se dire libertin sur Facebook, ça veut dire aussi que demain, votre patron peut découvrir que vous êtes libertin. N'oublions pas que peu de gens maîtrisent vraiment les paramètres de sécurité !

☐ Peut-on parler de communauté libertine comme on parle, par exemple, de communauté gay ?

■ **Le libertinage est une communauté, certes, mais sans revendications politiques.** Une discrétion absolue prévaut. Ce sont des gens qui ont réfléchi à leur sexualité, et qui s'accordent sans doute une durée de vie de couple beaucoup plus importante que les couples « sédentaires ». Les frustrations existent, c'est sûr, mais on les exprime et on essaie de les dépasser d'un commun accord, dans les limites que l'on s'est fixé. Grâce à cela, la vie de couple peut être plus harmonieuse et certainement, selon eux, plus longue. Et l'on préserve, en plus, la fidélité.

La notion de communauté libertine existe. Ce sont des gens qui ont le même idéal de couple, la même envie de s'adonner au plaisir, selon les mêmes modalités. Il existe une vraie solidarité libertine, et l'on s'en rend compte particulièrement en province. Au Cap d'Agde, on a cette vision de la vie : on se met tous à poil, et on ne pense qu'au plaisir !

☐ Votre site est une sorte d'observatoire de la sexualité. Comment voyez-vous évoluer la sexualité en France?

■ **On constate, chez les jeunes hommes, une ouverture vers la bisexualité.** Celle-là est déjà généralisée chez les filles, mais les garçons, qui font l'amour de plus en plus jeunes, et de plus en plus facilement, sont à la recherche d'un peu plus… Beaucoup d'hommes sont inscrits à la fois sur Netech et sur Nethomo. Les femmes, elles, comprennent en général assez facilement les penchants bisexuels de leurs compagnons.

☐ Le nombre de libertins est-il en augmentation ?

■ Il y a quelques années, on avait un noyau dur de libertins, des échangistes purs et durs. **Aujourd'hui, les envies des couples se diversifient.** On trouve, parmi les libertins, un éventail de pratiques extrêmement larges : des côte à côtistes, des mélangistes, des « door open », etc. (*voir définition de ces termes au chapitre* 3) **L'ouverture d'esprit est de plus en plus grande. Aujourd'hui, les couples de 25 ans ont une vraie maturité sexuelle.** Ils savent ce qu'ils veulent, n'ont pas besoin qu'un couple plus expérimenté les initie, comme cela se passait avant. Ce qui a changé aussi, c'est la communication autour de la sexualité au sein des couples. Les femmes ont davantage leur mot à dire, sont plus sûres de leur désir.

☐ Le déclin de certaines pratiques sexuelles alternatives comme l'échangisme pur et dur, ne va-t-il pas de pair avec celui du modèle du couple traditionnel ?

■ Certainement. L'échangisme était une pratique plutôt bourgeoise : « C'est ma femme, ma propriété, je l'échange contre la tienne. » Ce schéma n'a plus cours aujourd'hui. Les femmes sont de plus en plus prescriptives, et les hommes sont moins machos. **Les femmes ont un rôle plus important qu'autrefois dans la sexualité, elles ont envie de prendre les choses en main.** J'ai l'exemple de femmes qui ont envie de pluralité masculine, qui veulent par exemple que cinq hommes s'occupent d'elle. Mais il faut en convoquer vingt pour en avoir cinq !

Beaucoup d'hommes se dégonflent, sont impressionnés, parce que le désir des femmes, au fond, leur fait peur… Aujourd'hui, les gens ont pris conscience que nous ne sommes pas faits pour vivre en couple avec la même personne toute sa vie. Dans une existence, les gens passent par deux ou trois vies de couple, et pensent, à tort ou à raison, que chaque vie doit être vécue le plus intensément possible. Il devient nécessaire de prendre en compte les besoins et les désirs de l'autre.

☐ Peut-on dire que les libertins sont de plus en plus nombreux ?

■ Oui, aujourd'hui, **on voit arriver dans le libertinage toute la génération qui a grandi avec le porno, et qui se sent totalement décomplexée par rapport**

à la sexualité. Quant à savoir si tous ces jeunes iront jusqu'à l'échangisme et en feront une philosophie de vie, jusqu'à la fin, personne ne peut le dire… À chacun son libertinage. Les pratiques sont tellement nombreuses : mélangisme, côte à côtisme, exhibitionnisme..… Mais la proportion de ceux qui vont s'échanger en couple augmente-t-elle vraiment ? Rien n'est moins sûr…

□ Comment expliquer le déclin des clubs aujourd'hui ?

■ C'est un déclin qui découle d'Internet. Il est presque impossible d'organiser une soirée privée sans Internet. **Le cœur de la population libertine a été déplacé.** Avant, il se trouvait dans les clubs. Ils faisaient éventuellement des soirées privées avec les couples rencontrés en clubs. Le nombre de couples a donc été multiplié par dix, quinze, vingt… Mais je suis conscient qu'il existe une véritable hégémonie d'Internet. Notamment, à travers la captation quotidienne des membres. Par ricochet, **Internet a développé de nouvelles façons de se rencontrer** : soirées privées, entre amis, deux ou trois couples à la maison. Cela n'a fait qu'accélérer la désaffection des clubs. Ensuite, il y a un deuxième problème : à une époque, quinze ou vingt clubs s'ouvraient chaque année. C'était beaucoup trop, évidemment. **Aujourd'hui, la clé de la réussite pour un club, c'est le développement du côté festif et communautaire.** La vocation d'un club aujourd'hui, ce n'est pas de permettre aux gens de baiser. Il faut que les clubs sachent s'adapter, et comprennent que le côté festif est le plus important. Un club qui réussit, comme le Liberty Station, par exemple, est celui qui a su développer le côté communautaire. Beaucoup trop de clubs n'ont encore pas compris cela, et pensent que leur établissement n'est destiné qu'à la baise. Cela concerne les VRP de passage, mais pas les vrais libertins ! Le déclin des clubs est dû à une conjonction de tous ces phénomènes, mais c'est surtout parce qu'ils ont occulté tout le côté familial, communautaire. Effectivement, les gens baisent, mais après la danse, la fête, les retrouvailles d'habitués. Cela passe aussi par le professionnalisme des patrons. Aujourd'hui, peu de clubs arrivent à fidéliser leur clientèle.

□ Les clubs n'ont-ils pas souffert de l'engouement pour le libertinage, qui a attiré des gens qui n'étaient pas des professionnels de la nuit ?

■ Certains libertins passionnés ont voulu vivre leur libertinage à 100 % de leur temps, en ouvrant un club, sans être professionnels. Si on n'est pas libertin, et que l'on monte sa boîte de manière très rigoureuse et professionnelle, cela aura davantage d'impact qu'un couple qui se dit libertin, et qui investit tout dans son club, sans avoir le métier... En même temps, tout dépend à quel type de libertins on s'adresse. Il existe des boîtes de nuit à tendance libertine, celles de Cannes, du Cap d'Agde... Ce sont avant tout des night clubs à vocation libertine. Ensuite, il y a les clubs qui fédèrent des libertins autour de patrons qui sont généralement des couples libertins. Ce que l'on peut dire, en tout cas, c'est qu'il y a très peu de vrais professionnels qui se cassent la gueule.

Ce qui se développe pas mal ces derniers temps, ce sont les chambres d'hôtes libertines. Le risque économique est moindre. Aujourd'hui, chaque patron croit détenir le secret du succès… Mais la réalité, c'est que le tiers des clubs qui existait il y a trois ans a disparu aujourd'hui.

Il n'existe pas de modèle, pas de recette universelle. Il faut s'adapter aux modèles d'aujourd'hui. Les Chandelles, c'était un modèle il y a vingt ans. Il faut s'adapter à la clientèle. On ne peut pas non plus gérer un club situé en centre-ville comme un club situé à la périphérie. Je cite toujours le Liberty Station comme une vraie réussite. Les soirées du Liberty, c'est du monde sur la piste de danse jusqu'à six heures du matin. Tout le monde se connaît, se tripote, on trouve des gens au bar toute la nuit, et ça n'empêche que les gens baisent beaucoup ! Le patron a réussi à créer un groupe d'amis. C'est un vrai talent ! Jean-Louis et Isa sont des gens gentils, agréables, professionnels. L'Absolu à Mougins, c'est le même esprit.
Il y existe une vraie communauté. Tout le monde se connaît, se sourit, se parle… **L'important, c'est la convivialité.** Il n'est même pas nécessaire qu'un club soit très beau.

□ Et la sélection à la porte, c'est important pour vous ?

■ La sélection de couples jeunes et beaux, je n'y crois pas une seconde. C'est une vision des choses qui date. **Le libertinage, c'est avant tout la convivialité.** Et ce qui apporte cela, comme la gentillesse et l'esprit festif, ce sont les gens sans complexes ! La fête

peut arriver quand il y a un mélange, quand les gens n'ont pas le sentiment d'être observés, notés...
Certaines personnes, qui se rencontrent en club, auraient refusé un rendez-vous sur photos. Le plaisir sexuel n'a rien à voir avec la beauté de la fille, ou le ventre plat du monsieur. **Un physique parfait peut être excitant, mais au moment de passer à l'acte, ce qui compte, c'est la sympathie, la joie de vivre, le plaisir d'être ensemble.**

□ Comment expliquer que les patrons de Netechangisme.com possèdent le plus gros site libertin de France sans être eux-mêmes libertins?

■ Il suffit de bien comprendre l'attente des libertins, ce qu'ils recherchent et comment leur offrir. Ensuite, un site Internet, c'est avant tout une question d'informatique, d'ergonomie...

Et une question d'écoute. Nous sommes extrêmement attentifs aux attentes des libertins, en fonction des volumes, bien sûr... Par exemple, nous avons mis en place une fonctionnalité qui s'appelle « Tous au Cap ». Tous les libertins qui vont au Cap d'Agde informent les autres de leurs dates de vacances. Beaucoup d'abonnés nous ont dit : mais, et ceux qui vont ailleurs ?

Certes, mais le mieux est l'ennemi du bien. Si on commence à lister tous les lieux de vacances libertins, ça devient une usine à gaz... Quand on est patron d'un site libertin, il est peut-être préférable de ne pas être libertin. On arrive ainsi dans le milieu avec un œil neuf.

On s'interroge sur le fonctionnement, on synthétise, et on fait sa propre version. Ça marche ou ça ne marche pas, mais on propose sa vision des choses. En l'occurrence, ça a marché.

Si netechangisme est un succès, c'est grâce à l'alliance entre une marque forte, et une grande simplicité d'utilisation. Quand nous avons commencé, nous nous adressions à une population qui n'avait pas grandi avec Internet, et nous sommes allés au plus simple : des photos, des messages, un *chat.* C'est tout. Nous avons toujours été très humbles, nous ne nous sommes jamais revendiqués comme libertins. Mais nous avons écouté les gens, et nous les avons fédérés. Nous respectons beaucoup les plus anciens abonnés, qui guident les nouveaux, et qui ont permis au site d'évoluer grâce au bouche à oreille.

Aujourd'hui, ce qui m'étonne encore, c'est que tous les gens parlent de « netech » quand ils évoquent le site, jamais de netechangisme. Ce nom est prononcé de la Bretagne à la côte d'Azur ! C'est à cela que l'on mesure notre réussite.

LES PRINCIPAUX SITES DE RENCONTRES LIBERTINS

www.netechangisme.com
www.nouslibertins.com
www.aquicharm.com
www.coins-calins.com
www.sdc.com (international)

5. où libertiner ?

EN CLUBS

« *Une boîte échangiste est un endroit qui sent la menthe et où tu manges des fraises* », écrit Yann Moix dans son roman *Partouz*. Il fait référence au club parisien Les Chandelles, dont le système de ventilation diffuse en permanence un parfum de menthe, et à son buffet qui propose toujours des fruits frais à volonté…

Comment définir ce qu'est un club libertin ?

Il est difficile de décrire à quoi ressemble un club libertin tant ces établissements sont divers par leur taille et leurs prestations.

Dans les grandes villes, ils ressemblent souvent à de petits bars intimes et feutrés qui offrent des coins câlins pour s'ébattre, et parfois une minuscule piste de danse. En banlieue, ou en province, on peut trouver de véritables complexes libertins, de grandes discothèques qui proposent également, dans le meilleur des cas, restaurant, spa et chambres d'hôtes… Mais si l'on devait quand même isoler des invariants, on peut dire qu'un club libertin comporte au minimum un bar, une piste de danse et des « coins câlins ».

Ceux-là consistent en des alcôves peu éclairées, garnies de matelas aux revêtements plastifiés, pour faciliter le nettoyage. Les clubs proposent parfois des salons « à thème ». Il s'agit alors de pièces décorées, avec plus ou moins de bonheur, selon un esprit antique, tahitien, campagnard, moyenâgeux pour les jeux SM… Les accessoires érotiques sont à peu près les mêmes partout : croix de saint André, *glory holes* (ou « boîtes à trous »), tables « gynéco »…

Autre particularité des clubs libertins : comme il est préférable de s'y déplacer à l'aise, et très légèrement vêtu pour ces dames, on laisse à l'entrée ses papiers et son argent. En échange, on vous remet une fiche avec vos prénoms (ou les pseudos que vous aurez choisis), que vous confierez ensuite au barman. Celui-là notera vos consommations, que vous règlerez en quittant l'établissement, en y ajoutant le prix de l'entrée.

Les clubs sont des lieux privilégiés pour y vivre ses fantaisies sexuelles, dans la mesure où l'on y jouit d'une sécurité parfaite. La violence et l'alcoolisme y sont extrêmement rares. On peut s'y exhiber en toute liberté, y faire l'amour, dans le respect de la liberté de chacun. Les femmes y apprécient particulièrement de pouvoir s'habiller ultra court, ultra sexy, sans y être jamais importunée. « *Une libertine peut danser au beau milieu de la piste de danse, personne ne la touchera si elle n'en a pas envie,* nous a assuré Patrice, patron du Château des Lys. *Si quelqu'un déroge à cette règle, il est immédiatement expulsé !* » C'est pourquoi les femmes préfèrent en général l'ambiance des clubs pour débuter dans le libertinage.

Et pour la modique somme de…

Les tarifs sont très variables selon les établissements, mais surtout selon les jours… Dans le même club, une entrée pour un couple avec deux consommations peut coûter 40 euros le mercredi soir, et 85 euros le samedi soir. Sachez qu'une consommation en renouvellement coûte entre 12 et 20 euros.

Si la soirée commence par un dîner au restaurant, il est vrai que l'addition peut monter assez vite ! Vaut-il mieux, alors, dîner chez soi et se rendre au club vers 23 h, à l'ouverture ?

« *Nous avons déjà essayé, par souci d'économie, ce type de soirée*, m'a confié Bernard, libertin parisien, *mais il est plus difficile de se mettre dans l'ambiance... Il vaut mieux dîner pas trop loin du club !* » Dans le meilleur des cas, certains clubs disposent d'un restaurant, ou d'un buffet, ce qui permet de se mettre peu à peu dans l'ambiance, et d'enchaîner dîner, déhanchements sur la piste, petit verre pour s'échauffer l'esprit, et escapade dans les alcôves...

Aujourd'hui, l'échangisme classique rencontre de moins en moins d'adeptes, contrairement au badinage léger et aux rapprochements câlins. Les clubs libertins qui rencontrent le plus de succès sont ceux qui proposent une vraie piste de danse avec un DJ digne de ce nom. « *Les couples entrent en libertinage de plus en plus jeunes,* affirme Pascal Giraudeau. *Ils sont le plus souvent mélangistes. C'est pour cela que la partie danse, approche, séduction, est très importante. Il faut quand même garder à l'esprit que les couples qui vont faire l'amour côte à côte, ou ensemble, dans une soirée libertine, ne se connaissait pas trois heures avant ! Le travail d'un patron de club va être de créer le cadre idéal !* »

Un autre type d'établissement libertin est le sauna. Il ne diffère du sauna classique que par l'extrême liberté de mœurs qui y règne... Les saunas libertins déclinent toutes les installations d'un Spa traditionnel (sauna, hammam, jaccuzzi) avec, en plus, quelques salons ou l'on cause, (et plus si affinités), et parfois un salon vidéo, ou des films X sont diffusés, sur un écran, en continu. Un sauna, contrairement à un club, n'est pas un établissement où l'on passe une soirée entière. On peut s'y rendre pour une heure, dans la journée, parfois le matin avant de se rendre au travail (le Sauna Club Provence, à Paris, propose des formules petit-déjeuner pour les couples, autour d'un buffet). Un sauna ne propose jamais de piste de danse, et rarement des boissons alcoolisées.

Pour les libertins au cœur fragile, précisons que le sauna d'un établissement libertin n'est jamais à la même température qu'un sauna traditionnel à 80° ! On doit pouvoir y faire l'amour sans craindre l'arrêt cardiaque !

La fin de l'âge d'or des clubs

Nous avons vu que le nombre d'ouvertures d'établissements avait explosé dans les années 90 jusqu'en 2005 environ. Mais qu'en est-il aujourd'hui ? « *On a aujourd'hui une ouverture pour deux fermetures,* affirme Didier Menduni. *Les raisons : la crise, et l'approximatif. Ce n'est même pas une question de manque d'hygiène. Auparavant, un couple sortait trois fois dans le mois. Deux fois dans un endroit qu'ils connaissaient, où ils étaient assurés de passer une bonne soirée, et un autre où ils se rendaient par curiosité. Cela permettait aux petits établissements de survivre. Aujourd'hui, ils n'ont plus les moyens de risquer une mauvaise soirée. Du côté des clubs, seules les valeurs sûres subsistent. Beaucoup de libertins ont voulu, au plus fort de l'engouement pour l'échangisme, vivre de leur passion et ouvrir leur propre établissement. Malheureusement, la nuit est un métier, et on se s'improvise pas patron de club. Didier Menduni nous a raconté les appels improbables qu'il recevait à la rédaction de son guide de la* France Coquine : *"J'ai un hôtel-restaurant, ça ne marche pas très fort, je voudrais en faire un club libertin. Qu'est-ce que vous me conseillez ?"* »

Denis Fruleux, qui étudie l'activité des clubs libertins depuis des années, rejoint totalement ce point de vue :
« Les baisses des rideaux sont, la plupart du temps, une conséquence d'une gestion peu respectueuse des humains et/ou de la société.
Dans ce contexte, la disparition de certains clubs, loin d'être un mal pour les libertins, est gage du fonctionnement satisfaisant des clubs continuant d'être. Les libertins sont devenus exigeants, quel que soit leur milieu et il faut développer autant d'ingéniosité pour attirer la clientèle que, par la suite, pour la filtrer et même savoir la limiter. »

La clientèle est plus exigeante, mais aussi plus volatile. Entre onéreuses soirées en clubs et soirées privées, le choix des libertins est souvent dicté par des impératifs économiques.

LES SOIRÉES PRIVÉES : UNE NOUVELLE TENDANCE ?

Pourquoi les soirées privées se multiplient-elles ? Il est plus facile, pour un jeune couple débutant, de vivre sa première soirée libertine à quatre. Cela permet d'éviter le côté intimidant des clubs où tous les initiés se retrouvent et copulent joyeusement, sans se soucier des regards stupéfaits des jeunes impétrants… Il est aussi difficile, dans le cadre « boîte de nuit » des clubs, de se sentir à l'aise quand il faut crier pour se faire entendre d'un autre couple. Et lorsqu'on est débutant, la parole échangée est importante pour mettre en confiance…

Le paramètre budget est également important… Les prix pratiqués par les clubs sont souvent prohibitifs pour les jeunes couples qui désireraient sortir régulièrement… Il faut faire garder les enfants, payer le restaurant, le parking… Il faut ensuite passer le barrage de l'entrée du club, cela est parfois difficile si le club est très fréquenté en fin de semaine, et que l'on ne fait pas partie des clients habitués. La soirée privée, à quatre ou plus, apparaît comme la meilleure des solutions. **Détente, convivialité et rapports plus personnalisés, voilà qui peut aider les plus timides à se détendre et s'échauffer peu à peu…**

Pascal Giraudeau affirme que « *beaucoup de patrons de clubs ont abusé. Une grande partie d'entre eux étaient des opportunistes. Il y a eu un phénomène de ras-le bol. Et puis, dans les soirées privées, il existe une convivialité qu'il n'y a pas dans les clubs. C'est beaucoup moins impersonnel.* »

Pourtant, notre patron n'hésite pas à pointer les mauvais côtés de ces soirées. Et pour cause : il en a organisé des centaines ! « *Inviter des gens qu'on ne connaît pas,* explique-t-il, *peut être problématique, surtout quand on a une famille ! Je connais des gens qui font des dîners une fois de temps en temps. Au dessert ou au café, ils sortent un jeu de société libertin, pour faire démarrer la soirée. Parfois, le courant passe. Mais ils finissent par en revenir, tous. Même si les gens sont bien élevés, on a toujours des dommages collatéraux. On a toujours une coupe de champagne sur la moquette, des capotes à ramasser le lendemain. Et croyez-moi, les capotes, on en retrouve tout le temps, même un mois après, entre les deux gros coussins du canapé. Ces gens-là ne veulent plus faire de soirées privées. Ils veulent conserver leur intimité !* »

Les soirées privées : une « jet set libertine » ?

Alternative aux clubs et aux soirées à la maison, les soirées privées menées par des organisateurs chevronnés. Elles sont généralement régulières, mais aussi très élitistes. Il s'agit d'être chaudement recommandé. Nombreux sont ceux qui, à Paris, fuient les clubs pour rejoindre ce petit cercle privilégié…

Jean-Paul et Alexandra, couple libertin confirmé, sont des adeptes des soirées privées parisiennes. Ils nous en expliquent les bons et les mauvais côtés.

Les soirées privées haut de gamme paraissent réservées à un cercle très privilégié.
Qu'en est-il réellement ?

Jean-Paul : Les novices ne doivent pas être effrayés… Toutes les soirées ne se déroulent pas masquées, et on vous demande rarement un mot de passe ésotérique.
Alexandra : En général, il suffit d'être présenté par un ami. Les soirées payantes en clubs servent aussi à élargir un réseau relationnel, pour être ensuite invité à ces soirées très privées !

Quelles sont les qualités requises ?

Alexandra : Évidemment, si vous êtes jeune et beau, c'est plus facile !
Jean-Paul : Mais je ne suis pas le sosie de Brad Pitt !
Alexandra : On me dit souvent que je ressemble à Monica Bellucci (rires) !
Jean-Paul : Si vous êtes sympa, ouvert, que vous ne vous prenez pas au sérieux et que vous aimez faire la fête, pas de problème ! Ne soyez pas réservé, mais pas arrogant non plus : ce n'est pas parce que vous êtes invité à une soirée privée que vous avez intégré la jet set !

Quels sont les bons côtés de ces soirées ?

Jean-Paul : Elles sont bien sûr beaucoup plus conviviales que les soirées en clubs. Si l'organisateur reste fidèle à ses exigences de départ, il est rare d'être vraiment déçu… Les mêmes personnes se revoient d'une fois sur l'autre, une complicité se crée… Autre aspect

non négligeable : les organisateurs ne demandent qu'une participation financière dérisoire par rapport aux tarifs des clubs…
Alexandra : Parfois, les hôtes ne demandent même qu'une bouteille de champagne !

Et les mauvais côtés ?

Jean-Paul : Certains organisateurs ne se sentent exister qu'en étant constamment sollicités.
Ils essaient souvent d'« élitiser » leurs soirées en invitant des people de seconde zone, et cherchent ainsi une certaine reconnaissance sociale… Ces organisateurs, souvent un peu mégalos, pratiquent une sorte de « droit de cuissage » sur les nouvelles venues. Si elles refusent, le couple n'est plus réinvité.
« C'est une limite certaine à ce concept de soirée. Quand quelqu'un en organise une, c'est en général parce qu'il va y trouver un intérêt. C'est une manière très facile de se faire un peu d'argent en échappant à toute fiscalité !
Alexandra : Dans les soirées privées, les couples sont moins velléitaires qu'en clubs, ils sont vraiment là pour ça. On passe à l'action plus rapidement Du coup, on se sent moins libre. On se sent un peu obligés, parfois. Et ça, c'est parfaitement incompatible avec le libertinage. Dans « libertinage », on entend « liberté », non ?
Jean-Paul : À chacun de se faire son expérience. Mais il ne faut jamais oublier que le libertinage, comme tout art de vivre, doit comporter des règles…

QUAND LE SEXE EST EN JEU...

Imaginez que vous organisez votre première soirée libertine. Vous recevez chez vous, ou dans une jolie chambre d'hôtel, un couple que vous avez rencontré sur Internet. Pour eux aussi, c'est la première fois. Vous savez tous pourquoi vous êtes là, mais comment parvenir, d'une manière à la fois élégante et décontractée, à aborder l'objectif principal de la soirée, à savoir le déshabillage de tous les convives, suivi du joyeux mélange des corps ?

Une solution, très appréciée des libertins, consiste à proposer un jeu de société…
Le jeu, du latin *jocus*, se définit comme une activité purement désintéressée, qui n'a d'autre fin qu'elle-même et le plaisir qu'elle procure. Comme le libertinage, en somme… Le jeu est conçu autour du plaisir, mais comporte des règles, qui déterminent le succès ou l'échec. **Dans le libertinage des corps et des esprits, la notion de jeu semble prendre tout son sens.** Ces jeux sont basés le plus souvent sur un système de gages qui peuvent être interprétés et développés à loisir. Un gage constitue une épreuve initiatique et sa raison d'être est de désinhiber le joueur.

On peut alors envisager le jeu de société libertin comme un rituel d'approche, une manière d'aborder le sexe de groupe sur le mode du badinage léger. **Le sexe, après tout, est-il autre chose qu'un jeu ?**

Les règles strictes d'un jeu permettent d'oser ce que d'ordinaire notre pudeur refrène. « Ce n'est pas moi qui le veux, mais les règles sont ainsi… »

De nombreux jeux sexuels ne font qu'interpréter les règles des jeux traditionnels, dans le sens de la gaudriole. On peut évoquer le *strip poker*, mais aussi le *scrabble*, ou l'on peut décider que l'on ne composera que des mots cochons. Il existe aussi une version hard du *Trivial Pursuit* où toutes les questions concernent le sexe. On peut également mentionner une tradition du Nord de la France, celle des gaufrettes amusantes. Sur ces biscuits sont inscrits un mot, une expression, un morceau de phrase. Ces gaufrettes donnent lieu à un jeu : inventer une conversation à partir de ces inscriptions, qui n'ont d'ailleurs rien de grivois. Mais, systématiquement, le jeu dégénère, et les expressions les plus innocentes en apparence se chargent de sous-entendus fortement connotés.

Le « jeu de la vérité » apprécié des enfants mais encore plus des adultes portés sur la chose, consiste à répondre en toute sincérité à des questions touchant la plus grande intimité. On retrouve souvent ce jeu sous forme de gage dans les soirées libertines. En général, celui qui subit ce gage doit raconter un fantasme. Dire son fantasme c'est déjà, d'une certaine manière, s'abandonner. « *C'est le premier gage que j'ai eu à accomplir lors d'une partie de Libertin'art,* raconte Violaine, jeune libertine parisienne. *Un fantasme, cela ne se raconte pas, ou alors sur le divan de son psychanalyste. J'en ai raconté un qui me travaillait depuis longtemps. C'était un défi lancé à moi-même. Après, je n'ai eu aucun mal à me lâcher. Ce que j'avais de plus intime, je l'avais déjà révélé.* »

Un jeu de société libertin constitue une sorte de rituel d'approche. On peut ainsi apprendre à cerner graduellement les désirs de chacun. Les débuts de partie déclinent en général des gages *soft*, par exemple : « Caressez doucement et délicatement le visage de votre partenaire avec les mains. » Édouard, libertin de Bretagne, confie : « *Nous sortons très peu en club avec ma femme. Nous n'aimons pas l'ambiance baisodrome qui y règne. En soirée, autour d'un jeu, c'est plus feutré, plus intime. Ma femme et moi pouvons à tout moment nous regarder. J'adore voire l'excitation monter* *peu à peu en elle.* » Cécilia, sa femme, nous avoue aimer voir une étincelle s'allumer dans le regard de son copain quand une main étrangère à leur couple glisse dans sa culotte. Le jeu libertin donne au sexe un côté cérébral qui manque bien souvent dans les clubs libertins ou trop de gens viennent simplement « tirer un coup ».

Laura a 22 ans. Bien que libertine confirmée, elle reste cependant farouche dans les clubs. « *En privé, autour d'une table de jeu,* dit-elle, *je suis capable de bien plus d'audace que dans un club. Parfois, des gages sont à exécuter les yeux bandés, et c'est terriblement excitant. Si je suis privée de la vue, mes autres sens prennent le relais avec une acuité accrue ! Un soir, je me suis retrouvée avec une queue dans la bouche et une dans la main. Je devais deviner quelle était celle de mon ami !* »

Autre point positif : en général, les gages sont minutés. Les boîtes de jeu contiennent presque toutes, en effet, un sablier ou un chronomètre. « *Cela laisse le choix,* poursuit Laura. *Si le gage ne m'inspire pas, je m'en tiens à la durée fixée par la règle du jeu. S'il m'excite, je continue, et si les autres joueurs sont partants, alors la partie est interrompue pour un moment. C'est alors que la soirée commence vraiment !* »

Laura est une adepte de Libertin'art. Mais elle compte bien essayer d'autres jeux. Elle n'a d'ailleurs que l'embarras du choix, non seulement en sex-shops, mais plus encore dans les magasins de jeux traditionnels. Ces jeux coquins sont en général conçus pour un couple. À vous de faire évoluer les règles en formant, par exemple, deux équipes, chacune étant constituée d'un homme, et de la femme de l'autre couple. **Les libertins aiment jouer, vous le savez, et surtout bousculer les règles.** Alors, n'hésitez pas à inventer vos propres gages, et pourquoi pas vos propres jeux, selon vos envies. Nous vous souhaitons de chaudes soirées, ludiques, et surtout très coquines…

• Libertin'art

Le plateau de ce jeu de l'amour et du hasard est un parcours dont la toile de fond est la Carte du Tendre de Mademoiselle de Scudéry. Si vous tombez sur une case carrée, un gage vous attend, toujours formulé avec humour et élégance. Si vous tombez sur une case ronde, celle-là est le détail d'un tableau de maître qui renvoie à une partie du corps. C'est ce morceau choisi qu'il faudra honorer chez sa partenaire. Avec l'aide duquel de vos sens ? Vue, goût, odorat, toucher, ouïe : c'est la flèche de Cupidon qui décidera. Le jeu offre souvent des situations insolites et non dénuées d'humour : quand, par exemple, vous devez simplement renifler le genou de votre partenaire ! Le gagnant est celui qui parviendra le premier à la dernière case, et surtout, précise Gérard Moulin, le créateur du jeu, « *dans le plus bel état de ferveur* ».

Plus qu'un jeu de société, Libertin'art est un véritable parcours érotique dans l'histoire de l'Art. Le jeu laisse une liberté dans l'exécution des gages qui permet d'orienter la partie comme on le souhaite. Tout n'est qu'affaire d'audace ou de retenue. Un jeu destiné à ceux pour qui le libertinage est véritablement un art, et un art de vivre… (www.libertin-art.com)

• **Sexe Jeux**

Cette boîte de jeux plutôt mignonne (9 x 9 cm) contient des dizaines de gages, d'épreuves et de défis pour se surprendre en couple. Mais il serait dommage de n'y jouer qu'à deux ! Sexe Jeux se divise en quatre parties : « Amuse-gueules », « Son plaisir à lui », « Son plaisir à elle » et « Positions chaudes ». Les règles sont simples : lancer un dé sur le plateau de jeu, lui aussi divisé en quatre parties, et reportez-vous au chapitre correspondant.

Les nombreux scénarios proposés par ce jeu relèvent d'une véritable intelligence des fantasmes féminins et masculins. Sexe Jeux est varié, et permet de mieux connaître la sexualité de son ou ses partenaires.

• **Love Cubes Roméo et Juliette**

Il se joue en deux phases : les préliminaires et la finale. Pendant la phase préliminaires, il faut atteindre le premier la dernière case du plateau de jeu. Pour y parvenir, il s'agit de répondre à quelques questions et à réussir des gages.
La deuxième phase, la finale, se joue avec un petit livret qui décrit la « punition » amoureuse que le perdant devra subir.
Les questions sont intimes, et les épreuves intéressantes et variées. L'esthétique du jeu est sobre et chic. De nombreuses facettes de la sexualité sont mises à contribution. Vous devriez passer un bon moment !

• Love Game

C'est un jeu de l'oie coquin qui comporte des gages, autant dire que les règles sont ultra-simples. En principe réservé aux couples, mais rien de vous empêche de rajouter des pions !

Les gages sont très amusants, parfois décalés et souvent très drôles. Par exemple, si vous tombez sur la case « Piquet de la Honte » : « Baissez votre pantalon et ayez honte le temps d'un tour ! » Ce jeu n'est pas réservé aux couples établis et/ou échangistes : peu impressionnant et très ludique, il est parfait pour un couple débutant !

• Sexxxweb

Le plateau évoque une toile d'araignée. Le but du jeu est de parvenir à avancer son pion le premier jusqu'au centre de la toile. Il faut auparavant réussir à collecter six cartes, soft, warm, hot, et hard. Les cartes sont illustrées de photos représentant des positions sexuelles. À la fin du jeu, on présente les six cartes au perdant comme autant de désirs. La partie est agrémentée de cases « questions ». Il s'agit de répondre à une question indiscrète sans s'interrompre ni utiliser de mots tabous.

Le jeu est agréable, à la fois visuel et cérébral. Les cartes offrent des illustrations qui laissent une grande liberté. SexxxWeb fait partie de ces jeux qui font vraiment démarrer une soirée…

• Kama Sutra

Se joue en deux phases successives. La première phase, shiva, est un prélude sensuel. La deuxième, phase sakhti, permet de partir à la découverte du corps de l'autre. Certaines cartes offrent de jolies illustrations des positions à adopter pour l'homme et la femme, d'autres renvoient aux différentes parties du corps à convoquer, d'autres enfin décrivent les actions à accomplir.
Un jeu très esthétique, aux règles élémentaires. Le jeu évolue de manière progressive, ce qui permet d'instaurer un véritable climat de confiance dès le début de la soirée. La partie hard, en revanche, peut devenir un peu systématique. Il s'agit tout simplement de reproduire des positions. Ce qui ne laisse pas une grande liberté de mouvement, et demande, de surcroît, une forme physique et une souplesse exemplaires !

• Jeux sur la toile

Vous trouverez sur Internet des jeux libertins gratuits pour animer vos soirées. Ces sites fournissent également de précieuses idées si vous voulez créer votre propre jeu. Sans compter qu'ils fournissent une réserve presque inépuisable de gages !

6. jeu d'adresses

Les noms et coordonnées des établissements libertins mentionnés dans cet ouvrage ne relèvent d'aucun caractère contractuel. Ces informations, vérifiées en décembre 2010, sont données à titre indicatif, et sont susceptibles de faire l'objet de modifications. Le monde libertin change perpétuellement, et certains établissements seront peut-être fermés au moment de la parution de ce livre. C'est la raison pour laquelle nous nous sommes attachés à ne mentionner que les établissements présents depuis longtemps sur le marché.

Cet ouvrage n'a pas pour vocation d'être un guide des établissements libertins. Pour obtenir des informations exhaustives et régulièrement mises à jour, nous vous renvoyons à l'excellent site Internet de notre ami Didier Menduni, www.francecoquine.fr.

Mais pour l'heure nous espérons que cette petite sélection vous fera rêver à de nouveaux horizons sensuels... Bon voyage !

LE PLUS « LE TYPE, LÀ, AU BAR, ON NE L'A PAS DÉJÀ VU À LA TÉLÉ ? »

Les Chandelles

Concernant les Chandelles, on a envie d'écrire, tel La Bruyère, que « tout est dit et l'on vient trop tard... » N'a-t-on pas déjà, en effet, tout dit et tout entendu sur les Chandelles, l'un des seuls clubs de la capitale à s'être bâti une réputation d'excellence, uniquement par le bouche à oreille, mais aussi par l'intermédiaire de quelques très médiatiques personnalités : hommes politiques, stars internationales de la variété, du rock ou du cinéma, présentateurs de télé : il n'était pas rare, dans les années 1990 et 2000, de les croiser au bar, et parfois dans les salons de ce club alors ultra sélectif... Dire que les avis sur ce club sont contrastés est un euphémisme ! Nombreux sont ceux qui se sont vus refuser l'entrée de l'établissement, pour des raisons selon eux arbitraires. Certes, mais c'est justement grâce à une sélection draconienne que l**e club s'est imposé comme LA référence incontournable du libertinage parisien**. Et les clients fidèles vous soutiendront qu'une fois que l'on s'est rendu aux Chandelles, on ne va plus ailleurs. Dans ce petit paradis, la clientèle, sélection oblige, est jeune et belle, même si l'on y croise parfois des messieurs âgés accompagnés de sylphides à peine nubiles.

1, rue Thérèse, 75001 Paris
Tél. : 01 42 60 43 31
www.les-chandelles.com

LE PLUS « VOS DÉSIRS FONT DÉSORDRE »

Cris et chuchotements

Le très chic établissement de Pascal se défend de ne recevoir qu'une clientèle haut de gamme, et se veut ouvert à tous : libertins, adeptes d'un SM exigeant, fétichistes... Le salon Pompadour, garni de mobilier Louis XV, donne le ton : dans toutes les pièces de l'établissement, l'atmosphère est subtilement érotique et troublante. Que vous soyez maître, soumis(e), adepte du bondage ou simplement adepte de sensations fortes, Cris et Chuchotements est avant tout dédié aux plus esthètes d'entre vous. **Attention, le dress code est strict : cuir, vinyle, latex, au minimum vêtements noirs.**

9, rue Truffaut, 75017 Paris
Tél. : 01 49 93 70 21
www.crisetchuchotements.com

LE PLUS « ON ADORE SE REGARDER EN TRAIN DE DANSER TOUT NUS »

Le Château des Lys

Lorsqu'on monte la rue Marcadet, on pourrait croire qu'il s'agit d'un morceau de décor de cinéma oublié là... Non, ce petit château du XIIIe siècle est bien un club, et qui bénéficie d'un des meilleurs accueils de Paris. Patrice, le maître des lieux, est professionnel et chaleureux. On y apprécie la table, de très bon niveau, et les trois étages câlins, fort bien aménagés, dans le style lupanar de luxe. Les terrains de jeux sont variés, et l'atmosphère est à la fois intimiste et cool... Si vous trouvez les Chandelles trop guindé, vous avez trouvé la bonne adresse !

103, rue Marcadet, 75018 Paris
Tél. : 01 42 58 13 01
www.chateauclub.fr

LE PLUS « ON SE MET EN QUATRE »

Le 2 Plus 2

Le club de Roger et Chantal est le plus ancien de la capitale. Après vingt-sept ans d'existence rue Lhomond, le Deux plus Deux inaugurait son nouvel emplacement à Montparnasse, en avril 1999. Cet événement était à l'époque d'autant plus marquant dans le monde libertin qu'il s'agissait d'un véritable retour aux sources pour ce club légendaire.

Le nouveau Deux plus Deux s'est imposé comme le digne successeur du Sphinx, l'établissement licencieux fréquenté dans les folles années trente par le tout-Paris libertin.

Le Deux plus Deux s'est agrandi, il peut aujourd'hui recevoir deux fois plus de couples. L'utilisation de ses vastes espaces a été entièrement réorganisée, et la décoration repensée. Le premier étage, judicieusement agencé, est dédié aux câlins. Mais peut-être préférerez-vous, au rez-de-chaussée, les petites alcôves et les rideaux de velours rouge que l'on peut laisser entr'ouverts. Notez que le restaurant a été remplacé par un buffet.

9, boulevard Edgar Quinet, 75014 Paris
Tél. : 01 43 35 14 00
www.2plus2.net

LE PLUS « SI LES MURS POUVAIENT PARLER »

Le Roi René

Dans les années 1920, le père de René Charrier possédait l'une des plus grandes boucheries de Neuilly. René travaillait en tant que commis dans l'entreprise familiale, et il lui arrivait souvent d'effectuer des livraisons à proximité du bois de Boulogne. Les couples fortunés qui venaient s'y encanailler intriguaient beaucoup René. Curieux, il a commencé à se faire quelques relations, et a décidé d'organiser quelques soirées coquines chez lui, à Paris. Par souci de discrétion, il est parti en proche banlieue, à Ville d'Avray, pour créer, sous couvert d'un restaurant classique, « l'auberge du Roi René », un

cercle libertin. Seuls quelques rares initiés connaissaient les activités annexes de l'établissement.
À la fin des dîners, ceux-là partaient se mélanger joyeusement dans des cabanes aménagées dans le jardin. Avec le temps, l'établissement a quitté le domaine de la restauration traditionnelle pour devenir un club échangiste à part entière. À la mort de René Charrier en 1973, le club ferma, puis rouvrit en 1978, entièrement redécoré. Ce fut le début de l'âge d'or du Roi René. Elle dura jusqu'en 1984, date du procès de Chris et Manu. À l'époque, une carte de membre, que l'on obtenait par parrainage, était nécessaire pour pénétrer les alcôves du Roi René.
Aujourd'hui, le club fait toujours partie des valeurs sûres du libertinage et sa déco « seventies » est devenue, malgré elle, très tendance.

184, rue de Versailles, 92410 Ville d'Avray
Tél. : 01 47 50 25 30
www.roi.rene.com

LE PLUS « TOUT LE MONDE DIT OUIII »

Le We

Le We a ouvert en lieu et place de l'« Hôtel des Sens », projet libertin mégalo, petit caprice de millionnaire dans un immeuble de cinq étages au cœur de Paris… Pascal Giraudeau, le nouveau maître des lieux, pas peu fier de son parcours et de son image de « pape du libertinage », compte bien faire de cet écrin luxueux le nouveau rendez-vous des couples branchés. Avec un dancefloor, un étage lounge, des salons confortables et raffinés, deux suites aux étages supérieurs, l'am-

biance est à la fois festive et résolument libertine. Notez que le club possède un parking privé (rare à Paris) ! Attention, la sélection y est parfois sévère, mais que voulez-vous, quand on aspire à devenir le plus beau et le plus élégant des clubs parisiens, autant s'en donner les moyens…
Pascal travaille sur le concept des soirées privées, à l'intérieur de son club. En effet, les deux derniers étages du We peuvent être privatisés.

83, rue Quincampoix, 75003 Paris
Tél. : 01 42 76 90 00
www.clubwe.fr

LE PLUS « CHAUD COMME LA BREIZH »

Le Bilitis

Le club de Solange et Jean-Paul, est devenu, au fil des années, le rendez-vous incontournable de tous les libertins de Bretagne ! Si vous voulez savoir ce qu'est un libertinage totalement décomplexé et volontiers gaulois (pardon… breton), précipitez-vous dans ce club, il y a toutes les chances que vous y passiez une soirée inoubliable ! Cette grande bâtisse de granit typiquement bretonne abrite une discothèque à l'ambiance survoltée, mais c'est aussi un lieu de détente avec son sauna, son hammam et son jacuzzi géant…
Les salons câlins s'étendent sur deux étages. Au premier, un étroit couloir mène à la salle *fetish*, au fond, et dessert de petites pièces très intimes, en enfilade. **Au deuxième étage, ceux qui aiment le sexe de groupe à grande échelle sont comblés !** Le toit de

la grande demeure abrite en effet un spacieux lit rond et plusieurs matelas. Aux beaux jours, on peut s'isoler, au détour des sentiers des vastes jardins (1500 m^2) qui s'étendent derrière le club, **dans des petits chalets aménagés spécialement pour la gaudriole !**

19, rue de la Gare, 22780 Plounerin
Tél. : 02 96 35 15 58
www.bilitis.com

LE PLUS « IRRÉDUCTIBLEMENT GAULOIS »

La Messaline

Voici un club qui ne ressemble à aucun autre ! Installé dans un ancien relais de poste, il offre d'agréables espaces, et propose un libertinage festif et décontracté. Un jardin clos de murs permet, aux beaux jours, d'organiser des agapes en plein air. Une annexe abrite une piscine et un sauna…Vous serez accueillis dès 21 heures par la charmante Véro, qui vous expliquera le déroulement d'une soirée dans son établissement…
À 21 heures, les couples s'installent autour des grandes tablées pour l'apéritif. Puis, le dîner est servi, et il n'est pas rare que les dames se dégrafent avant le dessert, et dansent à demi nues sur la table, à moins qu'elles ne passent en dessous pour s'occuper des messieurs. C'est le début des hostilités… qui ne se finiront que très tard dans la nuit. Car à la Messaline, on trouve peu de couples velléitaires. Ici, l'ambiance est plus que chaude, elle est franchement rabelaisienne ! Après le dîner, les libertins s'ébattent sur le grand lit de la salle romaine, dans les étages ou autour de la

piscine. **Voilà un club qui mérite de porter le nom de l'impératrice nymphomane et débauchée...**

1, rue des écoles, 28310 Oinville-Saint-Liphard
Tél : 02 37 90 08 23
www.lamessaline.fr

LE PLUS « À LA CONQUÊTE À L'EST »

Le Elle et Lui

Le club de Muriel et Jean-Claude s'est imposé au fil des années comme le plus convivial et le plus professionnel de la région. On vient de toute la Lorraine, et même de plus loin, pour se déhancher et s'exhiber dans la grande cage qui surplombe le bar du Elle et Lui... **Sachez que le club propose des soirées, en semaine, spécialement dédiées aux débutants.**

Impasse des Cyclamens, 57300 Mondelange
Tél. : 03 87 71 25 60
www.elle-et-lui-libertin.com

LE PLUS « PROCHE DE LA BELGIQUE »

L'Abxara

Annick, patronne du club l'Abxara, près de Béthunes, nous a confié : « *Nous sommes en constante progression ! Nos clients viennent de toute la région, mais aussi de l'Aisne, de la Somme, de l'Oise...* » Depuis sept ans, le club n'a cessé d'attirer de nouveaux clients. Comme les clubs belges, l'Abxara fonctionne avec un système de forfait, et une carte de membre. Mais elle n'impose aucun code vestimentaire. En effet, les clubs libertins belges imposent à leurs clients qu'ils se déshabillent à l'entrée. Le dress code est toujours : lingerie pour les femmes, et sous-vêtements pour les hommes. « *Ici*, dit Annick, *c'est un peu un compromis entre la France et la Belgique. Le club comporte quatre étages, et il n'y a qu'aux 3e et 4e que nous imposons la tenue "sexy"*. Il est faux d'affirmer que les libertins du Nord ne sortent qu'en Belgique. C'est une question de bon sens : la loi sur l'alcoolémie est tellement contraignante que les gens ne vont pas se risquer à faire des centaines de kilomètres pour sortir ! L'Abxara n'a rien à envier aux clubs belges. **Ce complexe décline un sauna, un jacuzzi, un hammam, et de très nombreux salons à thème.** Voilà qui mérite le détour !

82, rue Henri-Hermant, 62700 Bruay-La-Buissière
Tél. : 03 21 52 95 65
http://clublibertin.abxara.com

LE PLUS « ILS FERMENT À CLÉ VOS COINS CÂLINS ? »

Le Château Rose

Marie, la jolie patronne du Château Rose, magnifique bâtisse du golfe de Saint-Tropez, défend une vision radicalement nouvelle du libertinage qui pourrait bien faire des émules… Le club accueille indistinctement libertins et non libertins. **Avec un dance floor digne des meilleurs clubs parisiens, c'est sans doute le club**

idéal si vous débutez dans le libertinage. En effet, rien ne distingue le Château Rose d'une discothèque traditionnelle, si ce n'est un espace dédié au badinage : de jolies chambres décorées avec raffinement, dans lesquelles on peut s'enfermer... **Un concept novateur qui attire nombre de jeunes couples !**

Le château-des-Murs, Saint-Pons-les-Murs, 83310 Grimaud
Tél. : 04 94 49 17 67
www.chateau-rose.com

Avant de sortir...

LE DRESS CODE LIBERTIN

Le libertinage obéit à un certain nombre de codes vestimentaires. Les clubs libertins sont sans doute les derniers endroits où l'on s'habille pour sortir ! Si les clubs les plus branchés de la capitale vous laissent volontiers entrer en jean (pourvu qu'il soit à la mode), inutile d'essayer de franchir le seuil d'un club libertin si vous ne sacrifiez pas au dress code très strict de ces lieux : pour les hommes, pantalon classique, et chaussures de ville (surtout pas de baskets !). Mesdames, sachez que la jupe (de préférence aussi courte que possible) et les escarpins sont obligatoires ! Vous pouvez également tenter les chaussures plateformes, assez connotées pornstar ou strip-teaseuse, et vraiment pas du meilleur goût, mais après tout, comme le disait le dessinateur Manara, la vulgarité peut être aussi très excitante, et puis, si vous vous rendez en club, c'est pour tout oser ! Au nom d'une conception certes un peu ringarde mais ô combien plaisante de ce qui est réellement sexy et féminin, le port du pantalon, même très moulant, fendu ou autre, est proscrit ! **Enfin, évitez les collants, et préférez les bas et les porte-jarretelles, incontournables pour toute libertine digne de ce nom !** Vous pouvez aussi, bien sûr, porter des bas jarretières (avec bande adhésive), avec ou sans porte jarretelles, mais si vous voulez faire preuve d'un peu plus de raffinement, optez pour les bas classiques, un peu plus chers, un peu plus difficiles à trouver mais tellement plus sexy !

Vous pouvez également opter pour une tenue « fetish ». Certaines libertines adorent le latex, ou le vinyle. Ce type de vêtement convient en général aux établissements ouvertement SM fetish, comme Cris et chuchotements, ou à des soirées comme « la nuit élastique » à Paris. Mais il arrive souvent que des clubs libertins organisent des soirées « fetish – SM », pour peu que leurs équipements le permettent.

Vous trouverez votre tenue libertine dans les sex-shops qui proposent des vêtements sexy, ou des costumes. Il n'est pas rare que des clubs libertins organisent des soirées « soubrettes » ou « infirmières ». Inutile de vous ruiner, vous ne porterez peut-être ces tenues qu'une seule fois ! Si vous détestez le mauvais goût et la piètre qualité des tenues des sex-shops, que vous misez davantage sur l'élégance coquine mais raffinée, ou sur le côté sexy clin d'œil, et que vous comptez sortir régulièrement, peut-être aurez-vous envie d'investir un peu plus. Des boutiques se sont spécialisées en vêtements sexy.

Voici une petite liste non exhaustive de bonnes adresses :

- **Démonia**
22, avenue Jean-Aicard
75011 Paris
Tél. : 01 43 14 82 70
www.demonia.com

- **Phyléa**
61, rue Quincampoix
75004 Paris
Tél. : 01 42 76 01 80

- **Metamorphose**
47-49, rue Quincampoix
75004 Paris
Tél : 01 42 72 21 98
www.metamorphose.fr

- **Belle et Sexy**
29, rue Général-Leclerc
59480 La Bassée
Tél : 03 20 52 37 32

- **L'Annex**
73, rue du Loup
33700 Bordeaux
Tél. : 05 56 52 40 23
www.annex-bordeaux.net

- **Au Lys**
39, rue de Brest
69002 Lyon
Tél : 04 78 37 82 55

- **Rebecca Rils**
5, rue Meyerbeer
06000 Nice
Tél. : 04 93 87 39 62

- **Sophie Libertine**
5, place des Vosges –
ZA du Poulfanc
56860 Sene
Tel : 02 97 69 10 09
www.sophielibertine.com

DE MAUVAIS POILS

Les libertins prennent soin de leur apparence. Cela se comprend aisément, puisqu'ils vivent dans une perpétuelle séduction. On imagine difficilement un libertin se laisser pousser le ventre, armé d'une bière devant un match de foot ! Les libertines, elles, passent du temps à se préparer à l'amour. Dans ce culte du corps, la chasse à la pilosité occupe une grande place.

Une des premières choses que vous remarquez en entrant dans le village naturiste du Cap d'Agde, en plus des nombreux tatouages, et des bijoux qui ornent les corps libérés des entraves vestimentaires, **c'est que la grande majorité des libertins n'aime pas les poils**… Les libertines ont depuis longtemps adopté l'épilation intégrale, et les hommes se sont facilement laissés convaincre qu'un sexe doux et lisse est beaucoup plus agréable à toucher, à lécher et à sucer…

L'esthétique d'un corps lisse vous fait ressembler à une statue vivante. Le corps est offert, il appelle la caresse. De plus, ceux qui ont essayé vous le diront : l'épilation intégrale du sexe procure un confort incomparable.

8.safe sex

Dans nos pérégrinations en clubs et en soirées privées, nous avons remarqué que la population libertine se sentait particulièrement concernée par les petites ou grandes maladies d'amour ! Dans tous les établissements, on trouve des préservatifs à volonté, dans les salons, ou au bar. Néanmoins, il n'est pas rare que de nombreux libertins se plaignent encore d'infections à répétition ! Si vous vous engagez sur le chemin d'une sexualité « non conformiste », jalonnée de rencontres avec des partenaires aussi multiples qu'occasionnels, il est indispensable que vous soyez informés des dangers potentiels que comportent de telles pratiques. **Rappelons-le : le maître mot dans le libertinage est le respect.** Respectez-vous, et respectez les autres en vous protégeant.

ALORS, QU'EST-CE QUE JE RISQUE...

... si j'embrasse, lèche, la peau ou les lèvres de quelqu'un ?
Embrasser ou lécher sont des pratiques qui ne comportent pas le moindre risque.

... si je crache dans la bouche de quelqu'un, ou que je l'embrasse profondément ?

Dans l'état actuel des connaissances, l'échange de salive n'est pas contaminant par le VIH. En cas de lésion buccale, il existe un risque – difficilement mesurable - de transmission de l'hépatite B.

... si je suce ?

Si je suce un homme séropositif, il existe un risque de transmission par le VIH. Cette transmission s'effectue par le liquide préséminal ou le sperme, qui entre en contact avec la muqueuse buccale. Le risque est accru en cas de problèmes buccaux (gingivite, plaie récente…) ou d'IST localisées dans la bouche (syphilis, blennorragie). Ce risque est plus ou moins grand selon la charge virale contenue dans le liquide préséminal ou le sperme de mon partenaire.

... si je me fais sucer ?

Le risque est très faible. Pour qu'il y ait contamination, il faut que la personne qui suce souffre d'une plaie dans la bouche, et que son sang mêlé à sa salive produise alors un mélange potentiellement contaminant. Le risque est moins négligeable si la personne qui me suce a fait une fellation complète à une tierce personne séropositive, et qu'elle ait gardé son sperme dans la bouche au moment où elle me suce… Vous m'avez suivi ?

À SAVOIR…

Les cas de contamination par le VIH suite à une fellation sont assez rares, mais ils existent. En 2000, des chercheurs du « Center for Diseases Control and Prevention » d'Atlanta ont mené, en partenariat avec l'université de San Francisco, une étude sur les rétrovirus sur 102 homosexuels et bisexuels séropositifs. L'étude a montré que près de 8 % de ces contaminations avait pour origine un rapport sexuel par voie orale.

La fellation est un mode de contamination pour d'autres Infections Sexuellement Transmissibles (comme l'hépatite B, la syphilis ou l'urétrite). **Il a été démontré récemment que la fellation (comme le cunnilingus) pouvait transmettre le papillomavirus**, qui multiplie par 32 le risque de contracter un cancer de la gorge. Même si l'usage du préservatif n'est pas très agréable lors d'une fellation, il reste le seul moyen de s'approcher du risque zéro ! Si vous n'aimez pas sucer ni vous faire sucer avec un préservatif, évitez quand même l'éjaculation dans la bouche. Ne vous brossez pas les dents avant une fellation, la brosse à dent peut causer des micro-coupures aux gencives et des saignements. Sachez qu'il existe des préservatifs non lubrifiés, plus adaptés à la fellation.

... si je veux avaler le sperme ?

Cette pratique est à éviter si l'on n'est pas sûr de son partenaire. En effet, l'œsophage est une muqueuse qui peut comporter des lésions. De même pour l'estomac en cas d'ulcère.

... si je suce plusieurs personnes successivement ?

Ce cas de figure est très courant en soirée libertine ! Pour éviter tout risque de contamination, il est préférable d'utiliser un préservatif pour chaque fellation...

... si je veux sucer un homme qui vient d'éjaculer ?

Il est préférable – même si c'est parfois difficile – de maîtriser son excitation et de demander à l'homme que l'on veut sucer de se laver soigneusement le sexe. Attention, le sperme continue à couler en petite quantité quelque temps après l'éjaculation.

... si je lèche le sexe d'une femme ?

En ce qui concerne le VIH, il est difficile de prouver que cette pratique présente un risque de contamination, mais si la bouche du lécheur comporte des lésions ou si la femme a ses règles, il convient de se protéger ! D'autant que d'autres IST peuvent se contracter ainsi (hépatites B et C, herpès, syphilis...).

La seule manière de se protéger est d'utiliser un morceau de latex (aussi appelé « digue dentaire ») entre la langue et le sexe. Un préservatif coupé en deux peut faire l'affaire. Un film plastique pour la conservation des aliments, convient aussi. Glamour, quand tu nous tiens…

… si je suis une femme et que je veux me faire lécher ?

Une femme a qui l'on fait un cunnilingus ne peut pas être contaminée par le VIH. La salive ne le transmet pas. La contamination par d'autres IST (herpès…) est possible.

… si je lèche un anus ?

Comme le cunnilingus, l'anulingus ne présente qu'un très faible risque de contamination par le VIH. En revanche, cette pratique favorise la transmission de bactéries, de germes ou d'IST (syphilis, blennorragie, hépatite A). Veillez à ce que l'anus à lécher soit présentable (nettoyé au savon ou à la lingette désinfectante).

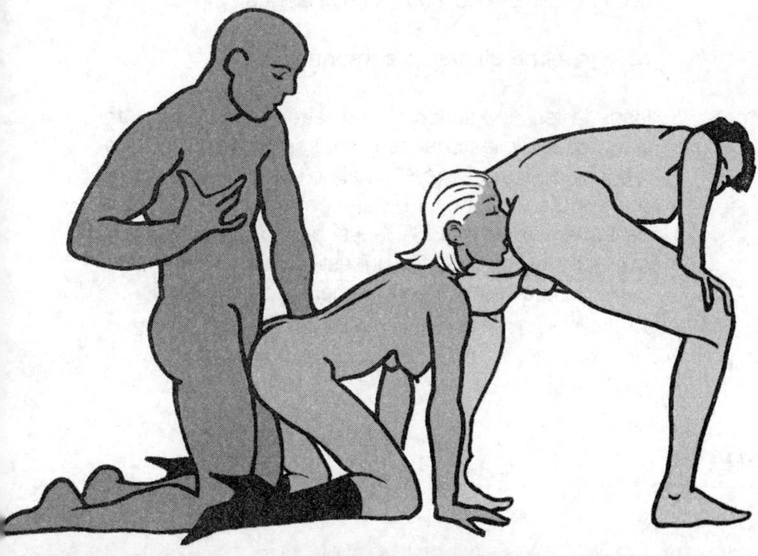

... si je me fais lécher l'anus ?

Le VIH est présent dans la salive, mais en trop faible quantité pour être contaminant. Il existe en revanche un risque potentiel d'être contaminé par d'autres IST.

... si je lèche le sexe d'une femme qui vient d'être pénétrée ?

La pratique est potentiellement à risque, puisque la pénétration a provoqué une augmentation des sécrétions vaginales. Si l'homme a éjaculé, le contact avec son sperme est inévitable. Là encore, dégainez le morceau de latex !

... si je veux lécher un anus qui vient d'être pénétré ?

La muqueuse anale est fragile, et un anus qui vient d'être pénétré peut comporter des micro lésions. Utilisez une barrière de latex entre la langue et l'anus.

... si je lèche plusieurs personnes ?

Dans le feu de l'action, il peut être tentant de goûter à toutes les jolies chattes et petites rondelles présentes lors de votre soirée... Mais c'est en passant ainsi d'une personne à l'autre que l'on multiplie les risques de transmission des IST, aussi bien pour la personne qui lèche que pour celle qui est léchée. Là encore, le carré de latex est – théoriquement – de rigueur.

... si je me fais masturber, et que je masturbe les autres ?

Sauf en cas de coupures, de blessures à la main, la personne qui branle et qui doigte ne risque rien. Attention cependant à ne pas transmettre des fluides contaminants d'une personne à une autre. Ainsi, pour chaque vagin et chaque anus, utilisez un ou des doigts différents. Si votre soirée compte davantage de participants à doigter que vos mains ne comptent de doigts, pensez à utiliser des doigtiers en latex ! Dans tous les cas, vos ongles doivent être soignés, afin d'éviter toute blessure, ou toute déchirure du latex.

... si je fais un doigté alternativement de l'anus au vagin d'une même personne ?

Pas de risque en ce qui concerne le VIH. Mais attention à la transmission, quasi inévitable, de germes qui passent de l'anus au vagin.

... si j'ai envie de pénétrer...

Dès qu'il y a pénétration, les muqueuses (gland, vagin, anus) sont en contact avec les sécrétions sexuelles (liquide pré-séminal, secrétions vaginale), et une contamination est possible. Avant de pénétrer le vagin et/ou l'anus de vos partenaires occasionnels, utilisez systématiquement un préservatif associé à un gel lubrifiant à base d'eau. Évitez les lubrifiants gras comme la vaseline qui peuvent endommager le préservatif.
Pour la personne pénétrée, l'éjaculation dans le vagin ou l'anus, sans préservatif, est très risquée.

Les parois du vagin, le col de l'utérus, l'utérus, et le rectum sont des portes d'entrée pour le VIH, qui peut y pénétrer par simple contact, en l'absence de toute lésion. Pour l'homme qui pénètre, le sang menstruel et, dans une moindre mesure, les sécrétions vaginales, sont contaminants. Le gland, l'urètre (le conduit urinaire), la pénétration anale présentent des risques accrus en raison de la fragilité de la muqueuse. Les fissures anales et les hémorroïdes augmentent le risque de saignement, et donc de contamination, par le VIH et les autres IST. Il est important d'utiliser un préservatif différent pour chaque partenaire, afin de ne pas faire voyager les IST potentielles d'une personne à l'autre !

... si je pénètre un anus, puis un vagin...

N'utilisez jamais le même préservatif quand vous passez de l'anus au vagin, car les germes de l'intestin, comme l'*escherichia coli*, peuvent provoquer des infections vaginales ou urinaires.

... si j'échange des sextoys avec mes partenaires ?

Pratiquez la stérilisation des sextoys entre chaque utilisation par une personne différente (utilisez, par exemple, le liquide de stérilisation Milton). Éventuellement, recouvrez l'objet d'un préservatif différent pour chaque personne.

... si j'aime les coups de fouet, et autres jeux de domination/soumission ?

Attention au sperme sur une peau fouettée, griffée ou lacérée !

… si j'aime le *fist fucking*, vaginal et/ou anal ? ?

Cette pratique n'est pas contaminante, pour autant que la personne qui introduit sa main a les ongles ras et porte un gant de latex. La lubrification doit être optimale pour ne pas occasionner de lésions dans l'anus ou le vagin.

… si j'aime les jeux uro ?

L'urine est stérile et non contaminante. Il n'est pas dangereux de boire, mais uniquement « à la source », car l'urine se bactérise rapidement. Aucun risque donc, mais il faut éviter d'uriner juste après une éjaculation dans la bouche de son partenaire, ou sur ses muqueuses anales ou vaginales. En effet, le premier jet d'urine peut contenir du sperme.

…si j'aime les jeux scato ?

Comme pour les jeux uro, il n'y a aucun risque. Seule l'ingestion peut être contaminante. En effet, le risque de transmission de l'hépatite A est très élevé, surtout en cas de lésion, même minime, de la muqueuse rectale du donneur. Notez que ces jeux sont plutôt rares en clubs libertins, et l'on comprend pourquoi !

… si j'aime me faire cracher dans la bouche ?

Comme pour le baiser, cette pratique ne comporte aucun risque.

... si j'aime me faire éjaculer sur le corps ?

Aucun risque, tant que le sperme n'entre pas en contact avec une muqueuse.

ENFIN, SI JE VEUX FAIRE UN DÉPISTAGE ?

Vous pouvez faire un test HIV dans un Centre de Dépistage Anonyme et Gratuit (CDAG). Vous n'avez pas besoin d'ordonnance médicale. Les CDAG sont aussi des Centres d'Information, de Dépistage et de Diagnostic des Infections Sexuellement Transmissibles (CIDDIST), qui permettent de dépister d'autres Infections Sexuellement Transmissibles (IST) plus spécifiques.

Dans un laboratoire d'analyses médicales, public ou privé : en général, la demande de dépistage doit être faite auprès d'un médecin, qui vous établira une ordonnance. Renseignez-vous auprès de votre médecin traitant ou appelez Sida Info Service au 0800 840 800.

À quel moment dois-je faire un test de dépistage HIV ?

Pour savoir où vous en êtes, vous pouvez bien sûr effectuer ce test à tout moment.
Faites un premier test dans les 15 à 30 jours qui suivent une prise de risque potentielle. Si le résultat s'avère positif, la contamination est certaine et un traitement doit être envisagé. Si le résultat est négatif, effectuer quand même un test trois mois après la prise de risque, pour établir de façon absolue la non-contamination.

Si je pense avoir pris un risque ?

N'attendez pas, contactez un service hospitalier dans les 48 heures qui suivent la prise de risque. Un traitement d'urgence est alors possible pour tenter d'éviter la contamination.

Si du sperme est entré dans l'anus ou le vagin, ne faites surtout pas de lavement avec un désinfectant, qui risque d'irriter la muqueuse et d'aggraver la situation ! Pratiquez un lavement à l'eau tiède. Si du sperme est entré en contact avec une plaie, rincer à l'eau tiède, désinfecter avec de la Bétadine, de l'Hexomédine ou du Dakin Cooper stabilisé.

Les informations contenues dans ce chapitre s'appuient sur l'état des connaissances au moment de la rédaction de ce livre, soit en janvier 2011. Nous avons tenté d'établir un inventaire des pratiques sexuelles les plus « courantes », et des risques qui y sont liés. Néanmoins, l'imagination humaine ne connaissant aucune limite, si ce chapitre ne vous paraît pas assez complet, n'hésitez pas à contacter des sites Internet comme www.info-ist.fr ou www.sida-info-service.org.
Vous pouvez aussi appeler le numéro vert de Sida Info Service : 0 800 840 800.

9. libertiner en vacances

Rencontres libertines à la plage

Évidemment, il n'existe pas de plages officiellement libertines. Mais il existe sur le littoral français, des dizaines de plages où le naturisme est toléré ou autorisé, et ou des coquineries sont possibles. **Rappelons que les pratiques sexuelles sur les plages sont interdites, et sont au mieux tolérées.**

N'oubliez pas que les plages sont accessibles à tous, y compris aux familles. **Si vous faites des coquineries, restez bien à l'abri des regards !**

Alors, prudence, respectez les autres, et respectez-vous, en étant discret et en vous munissant du nécessaire pour vous ébattre en plein air : bouteilles d'eau, lingettes, désinfectant pour les mains. **Enfin, dernière recommandation : attention aux coups de soleil sur les « parties intimes » !**

LE CAP D'AGDE

D'un simple camping naturiste, le Cap d'Agde est devenu, au fil des années, la Mecque du libertinage. Voici en quelques pages, l'essentiel de ce que vous devez savoir sur la destination estivale préférée de nombreux libertins…

Un peu d'histoire

Après la Première Guerre mondiale, le mouvement appelé *Frei Körper Kultur* (**culture du corps libre**) se diffusa largement dans les pays germaniques et scandinaves.

1949 Albert et Christiane Lecocq créent le centre héliomarin de Montalivet, en Aquitaine.

1950 Fondation de la Fédération française de naturisme (FFN).

1954 L'un des frères Oltra, viticulteurs au Cap d'Agde, fait un séjour à Montalivet, et en revient avec l'idée d'arracher ses vignes pour en faire un camping naturiste.

1957 Des Allemands, des Suisses, des Hollandais et des Scandinaves,débarquent au Cap d'Agde avec leurs caravanes… En France, la libération des mœurs n'est pas encore d'actualité. Les « culs nus » sont encore mal vus.

1958 Le camping devient le « centre héliomarin Oltra Frères »

1963 Le gouvernement sous la présidence du général de Gaulle, lance la « Mission interministérielle d'aménagement touristique du Languedoc-Roussillon » dite « mission Racine » pour l'aménagement du littoral. Les élus locaux autorisent la construction de la station balnéaire du Cap d'Agde, selon les plans de l'architecte Jean Lecouteur. Des aménagements en bords de mer fleurissent. Les naturistes investissent les nouveaux quartiers.

Depuis les années 80, le Cap d'Agde est devenu la capitale du libertinage. Entre les naturistes authentiques qui viennent passer des vacances en famille et les échangistes, les relations ne cessent de se dégrader…

Changement de Cap

Dans la journée, le camp et la plage sont simplement naturistes, sauf à certains endroits (à l'est par exemple, vers Marseillan, à l'endroit que l'on appelle la « plage des couples », ou encore, plus explicitement, la « baie des cochons »)… Mais le soir, la fête du sexe est omniprésente ! Au crépuscule, au milieu des grands ensembles sixties, les rues se peuplent de victimes de la mode libertine : tenues délirantes, robes minimales ou transparentes, string-bijoux, talons démesurés. Les décorations et accessoires corporels – tatouages et piercings – sont à l'honneur. Aux terrasses des bars et des restaurants, on se regarde, on commente les tenues, tandis que dans la galerie commerciale d'Héliopolis, au milieu de la grande demi-lune de béton, on assiste à un curieux mélange de population. Certains vont dîner en famille, et d'autres, en couple, font les dernières courses pour la petite fête du soir. D'autres encore vont essayer des vêtements. Robes moulantes, sans culotte bien sûr, escarpins à semelles compensées, piercing sur les tétons, au nombril et sur la vulve, tatouages : ici, le corps est bronzé, décoré, érotisé. Le narcissisme et la séduction sont omniprésents.

Il est étrange de constater, pour les observateurs fraîchement débarqués, comme les boutiques de lingerie et de sextoys cohabitent avec la boucherie et la boulangerie. Parfois, une femme seule passe, nue, dans une allée, longuement fixée par de jeunes zonards en bermudas. Ils font partie de cette population indésirable en pleine recrudescence : *les voyeurs*. On les appelle également, avec dédain, *les marcheurs*, car pendant la journée, ils errent sur la plage des couples à la recherche d'attouchements à épier. Quand une action plus précise s'esquisse, ils s'agglutinent pour former un cercle autour des couples. Mais il y a pire : *les traînards* qui guettent les couples à la sortie des boîtes, au milieu de la nuit, pour les suivre jusqu'à leur villa ou leur studio.

> « Ces dernières années, affirme Pascal Giraudeau, le Cap d'Agde a été victime de son succès. Les télés s'y rendent, y réalisent des sujets graveleux. Cela attire forcément une clientèle qui ne maîtrise pas les codes du libertinage. Des hommes seuls opportunistes, par exemple, qui s'imaginent qu'une fille qui fréquente les lieux échangistes est forcément facile à baiser ! C'est vrai que la sécurité est parfois difficile à gérer… Certains parviennent à entrer dans le village par la plage, ce qui pose beaucoup de problèmes de sécurité. Les allées, le soir, ne sont pas toujours très sûres… »

La mairie refuse de parler d'une dérive du camp naturiste. Dans un article de *La Dépêche* (22 septembre 2010) consacré au Cap, Gilles d'Ettore, le député-maire de la commune d'Agde, analyse ainsi la situation : « *Cet été, je n'ai pas recueilli de plainte. Et en général la criminalité est moins importante chez les naturistes qu'ailleurs dans la station. Quant aux attaques contre le libertinage, je réponds que* ***la pratique sexuelle est une affaire strictement personnelle.*** *On n'a pas inventé l'échangisme ou le libertinage au Cap cet été.* »

L'échangisme au Cap, un bon business…

Le village du Cap d'Agde a vu naître un véritable marché de la partouze. Les clubs libertins, les restaurants et les boutiques pratiquent des prix exagérés. Les agences de location, la municipalité, les copropriétaires, la Fédération Française de Naturisme, ont volontiers la dent dure contre les mœurs libertines, mais ne se privent pas de se gaver, eux aussi, au passage. Les commerces se développent autour du libertinage : bar, restaurants, sex-shops, magasins de vêtements sexy, complexes hôteliers dédiés au libertinage, boîtes de nuit… Un phénomène plutôt positif selon Guy, commerçant au Cap : « *Il ne faut pas oublier que les libertins constituent une population de jouisseurs. Ils consomment beaucoup, s'achètent des vêtements sexy, vont au restaurant, sortent en boite le soir. Rien à voir avec le naturiste avec sa tente et son barbecue !* »

La mairie d'Agde s'est rapidement rendu compte que le village naturiste brassait beaucoup d'argent, et a voulu prélever sa dîme. Pour ce faire, elle a clôturé le village, et a créé une société d'économie mixte, afin de justifier le paradoxe qui consiste à devoir payer un droit d'accès à un espace public. Un couple libertin peut dépenser, en quinze jours dans le village, entre 2 000 et 5 000 euros. Il faut savoir que le village a une capacité d'accueil de 40 000 personnes, camping et hôtels compris. Alors, peut-on parler de dérive commerciale du Cap d'Agde ? En tout cas, on est très loin de l'éthique qu'avait définie, dans les années soixante, Albert Lecoq, l'un des pères du naturisme. Celui-là même qui affirmait : « *l'idée naturiste ne se résume pas à tomber le slip* ». Ni à empocher les billets, pourrait-on ajouter.

ALORS, L'ÉTÉ PROCHAIN, CAP OU PAS CAP ?

Le libertinage au Cap, combien ça coûte...

- **Entrée dans le village**

Avant même d'avoir mis un pied ou une roue dans le village, vous passez à la caisse au « service des entrées ». Il s'agit d'acheter la carte qui vous permet de rentrer et de sortir du camp. La SODEAL, société d'économie mixte (la ville d'Agde est actionnaire à 73 %), gère les entrées. Un couple résident en voiture ou en moto doit s'acquitter de la somme de 40 euros pour trois jours, 60 euros pour un forfait hebdomadaire.

Le prix à la semaine s'élève à 20 euros si vous êtes visiteur à pied.

- **Location d'une villa ou d'un appartement**

Plusieurs agences immobilières et des copropriétaires se partagent le produit des locations d'appartements. Un appartement se loue en moyenne 700 euros la semaine (base : appartement 4 personnes avec loggia en haute saison). **Le taux de remplissage est de 100 % sur les périodes de haute saison.**

• À moins que vous ne préfériez le camping ?

Le camping Oltra vous propose de planter votre tente pour la modique somme de 34 euros (voiture + tente + eau + électricité) par jour.

• Êtes-vous habillés pour sortir ?

Oui, au Cap, c'est le soir que l'on s'habille ! Et, puisque vous êtes là, autant en profiter pour donner dans la tenue excentrique, ou au moins très sexy ! D'autant que c'est absolument indispensable si vous voulez sortir en club !

• Un petit tour en boîte ?

Comptez en moyenne 50 euros par couple, avec une consommation par personne. Ce n'est pas excessif, mais n'oubliez pas qu'au Cap d'Agde, on sort volontiers tous les soirs !

Pour plus d'informations, contactez l'office de tourisme du Cap d'Agde, au 04 67 26 00 26. www.capdagde.com

Locations au Cap d'Agde

• AGN

BP 883
34307 Cap d'Agde Cedex
Tel : 04 67 26 12 62
www.genevievenaturisme.com

Locations en résidences hôtelières et vente d'appartements dans le village naturiste Cette agence propose des locations dans les résidences Natura Beach, le Jardin d'Eden ou encore le Jardin de Babylone.

• Riad Cap d'Agde

Maisons d'hôtes naturistes

59, avenue de Port Ambonne
Riad n° 5
Village naturiste
34300 Le Cap d'Agde
Tel : 04 99 41 28 21 - Mobile : 06 26 89 06 11
www.riadcapdagde.com

• Natureva Spa

Résidence de 56 appartements avec piscine, spa et salle de sport.

1, impasse du Bagnas
Village naturiste
34300 La Cap d'Agde
Tel : 04 67 32 16 51
www.natureva-spa.com

• Hôtel Eve

Impasse Saissan
Village naturiste
BP 857
34307 Cap d'Agde
Tél. : 04 67 26 71 70
www.hoteleve.com

• CHM René Oltra (camping)

Village naturiste
BP 884
34307 Le Cap d'Agde
Tel : 04 67 01 06 36
www.chm-reneoltra.com

LES PRINCIPALES DISCOTHÈQUES LIBERTINES DU CAP D'AGDE

• Le Glamour

Héliopolis
Tél. : 04 67 01 55 49
www.leglamour.com

Les superlatifs ne manquent pas pour évoquer cette discothèque libertine qui s'étend sur 2000 m^2. Le Glamour est l'emblème de la fête libertine dans toute sa démesure. L'après-midi, les spectaculaires « *beach party mousse* » sont très appréciées. Les salons, en sous-sols, consistent en un obscur et sinueux labyrinthe dédié à la débauche ! Si vous passez un séjour au Cap d'Agde, le Glamour est, tous les étés, *the place to be*…

• Le Jul's

Port Nature 5
Tél. : 04 67 26 39 38
www.le-juls.com

Une discothèque libertine plutôt sympathique réservée aux libertins croyants et pratiquants. Un forfait intéressant comprend le dîner dans le restaurant d'en face, le Bistrot, et l'entrée au club.

• L'Extasia

Domaine Saint Jean des sources
Pinet
Tél. : 04 67 77 96 46
www.club-extasia.com

Cet incontournable complexe libertin propose un restaurant, une discothèque, un camping et également un concept unique en Europe : un petit bois aux sentiers balisés qui mènent à une petite clairière hérissée de tentes, dans lesquelles tout est permis, dès la tombée de la nuit…

À l'extérieur du village...

UN HÔTEL ÉCHANGISTE

• Le Château de Trédos

1, boulevard du Soleil
34300 Agde
06 14 84 83 76
info@tredosevasion.com

À Agde, le Château de Trédos est le rendez-vous des libertins estivaux qui fuient le camp naturiste et ses ensembles en béton pour se retrouver dans ce joli petit manoir. Véritable hôtel échangiste, il propose des salons câlins, une piscine, un jacuzzi, et de spacieuses et jolies chambres. « *En plus,* précise Nathalie, jolie Parisienne de 30 ans, *nous apprécions de retrouver le calme du Château après une journée dans la cohue du camp naturiste !* »

UN CAMPING NATURISTE

• Terre de Soleil

Domaine Saint-Jean-des-Sources
34850 Pinet
Tel : 04 67 77 99 09
www.club-extasia.com

Ce vaste camping naturiste, très confortable, est rattaché au complexe libertin l'Extasia. Attention, il s'agit d'un camping naturiste et non libertin. Les tarifs sont raisonnables.

DES CHAMBRES « HOT »

Un été libertin en France ne rime pas forcément avec vacances au Cap d'Agde ! De nombreux libertins fuient désormais les grands complexes et trouvent refuge dans les chambres d'hôtes libertines. Plaisirs de la chair, tranquillité et esprit champêtre sont au rendez-vous…

Qu'est-ce qu'une chambre d'hôtes ?

C'est simple : vous êtes hébergé chez des particuliers qui ont aménagé leurs dépendances, leur fermette ou plus simplement leur maison, pour accueillir des touristes. En général, ces aménagements n'excèdent pas six chambres. Les chambres d'hôtes sont l'équivalent des « *bed and breakfast* » anglais. Les petits-déjeuners sont souvent pris avec les hôtes. Mais certaines adresses proposent des demi-pensions ou des pensions complètes. **Attention : les tables d'hôtes sont toujours réservées à ceux qui séjournent dans les chambres.** Pensez donc à préciser si vous souhaitez en bénéficier lors de votre réservation.

Cette formule de vacances permet un contact privilégié avec ses hôtes. En effet, même si vous payez une prestation, vous n'êtes pas à l'hôtel, mais chez des particuliers. Et si ceux-là ont décidé de créer des chambres naturistes et libertines, c'est qu'ils souhaitent vivre et défendre leur mode de vie. **Le plaisir est leur motivation principale.** Vous vous sentirez complètement libres de vivre votre sexualité au grand jour, vous pourrez en débattre avec vos hôtes, ils pourront même organiser des soirées, des après-midis coquins... La seule limite à ne pas dépasser concerne, comme toujours, la liberté de chacun. Le contact est également privilégié avec les couples sur place : après tout, vous avez choisi votre destination pour la même chose. S'ils sont libertins et que vous l'êtes aussi, il est probable que l'on en vienne tôt ou tard à évoquer la possibilité d'aller un peu plus loin ensemble. Et si la magie opère, le contexte intimiste d'une chambre d'hôtes est vraiment idéal. C'est pour cela que Vanessa, Lilloise de 29 ans, a choisi cette formule de vacances avec son mari Joachim : « *Se crier quelques mots dans les oreilles en boîte, avant de s'ébattre dans un salon, c'est très bien*, assure-t-elle, *mais il peut être également très plaisant de se retrouver le matin au petit-déjeuner, pour échanger des expériences, des impressions, ou des envies, autour d'une tasse de café. Cela ne relève plus d'un échangisme de consommation, mais d'un réel art de vivre...* »

Encore une fois, la règle d'or est : tout est permis, rien n'est obligatoire. Et il peut arriver que vous ne trouviez pas de couple à votre goût. Certains patrons ont trouvé la parade, en sélectionnant les couples qui vont séjourner à la même période, selon des critères d'âge, d'affinités sexuelles... Les chambres d'hôtes que vous trouverez dans cet article sont des établissements officiellement libertins. Il est nécessaire de le préciser, car certains établissements préfèrent que le libertinage

ne demeure qu'une option non officielle. Il est vrai que l'imprévu a un charme indéniable, mais son principal inconvénient, c'est qu'il peut aussi ne rien se passer.
Si le libertinage ne doit jamais être une obligation, la nudité, elle, est tout de même préférable dans une chambre d'hôtes naturiste. Il s'agit de jouer le jeu, tout en gardant à l'esprit que nudité n'est pas synonyme d'exhibition. Cela est affaire d'éducation et de règles de bonne conduite en société. Si vous ne les respectez pas, vos hôtes sauront vous les rappeler !

Nous vous proposons un petit tour d'horizon des meilleurs établissements de France

• **Domaine des Vieux Chênes**

84500 Bollène
04 90 40 18 19
Réservations : aurore.chene@wanadoo.fr
www.domainedesvieuxchenes.com

Au Domaine des Vieux Chênes, tout a commencé par un jeu, un pari. Aurore et Patrick, sympathique couple d'agriculteurs, à partir d'un vieux mas en ruines et avec beaucoup de temps et d'imagination, ont créé leur petit paradis. Entre Orange et Montélimar, en pleine campagne, ce site exceptionnel s'étend sur quatre hectares, à la sortie d'autoroute de Bollène. Patrick a aménagé ce nid d'amour avec un indéniable talent de décorateur.

Lorsque vous vous éveillerez dans l'une des cinq jolies petites chambres (équipées trois étoiles), ne soyez pas surpris de trouver le matin, au pied du lit, une charmante soubrette en porte-jarretelles qui vous apporte votre petit-déjeuner ! Voilà qui donne le ton et ne laisse aucune ambiguïté sur la destination de ce lieu : résolument libertin, et non pas seulement « naturiste ». Ce que confirme Aurore, qui nuance toutefois : « *Libertin et naturiste, d'accord, mais il ne faut pas oublier qu'avant tout chacun fait ce qu'il veut, et que les portes des chambres ferment à clé !* »

Si vous trouvez partenaires de jeu à votre goût, sachez que les chambres ont un salon en commun.
L'un des atouts majeurs de ce Domaine, c'est l'exceptionnel patrimoine de la région. Des châteaux à flanc de colline, de vieux villages historiques sont à visiter aux alentours, sans oublier les magnifiques grottes de l'Ardèche. Et comme libertinage et culture sont loin d'être incompatibles, sachez que la région regorge de festivals (Chorégies d'Orange, Festival du Jazz à Bagnols-sur-Cèze, Festival d'Avignon…). Si vous voulez fuir le silence du vieux mas pour aller vous déhancher en boîte, la région est également très riche en discothèques.

• Les Logis du Gros Hibou

La Lande
22550 Henanbihen
02 96 50 42 53
06 63 56 67 79
www.clubdugroshibou.com

Dans ce même esprit, les Logis du Gros Hibou, en Bretagne, offrent de belles prestations. Il s'agit d'un complexe proposant deux gîtes et une chambre d'hôtes, où l'on peut se retrouver à plusieurs couples. L'originalité ici, c'est un gîte qui consiste en de très grandes pièces avec plusieurs lits... Vous l'aurez compris, il s'agit de bien s'entendre, mais après tout, nous sommes entre libertins ! Les Logis du Gros Hibou proposent des soirées tous les week-ends, ainsi que des tables d'hôtes.

• La Villa Libertine

Agnès et Michel
06 37 09 08 33
www.lavillalibertine.fr

À Hossegor, Michel et Agnès appliquent pour leur Villa Libertine la même sélection drastique de clientèle. « *Pour venir passer des vacances chez nous, il ne suffit pas d'en avoir envie*, plaisante Michel. *Nous discutons d'abord avec les couples au téléphone, et essayons de repérer les affinités possibles entre couples.* » Respect et convivialité sont les maîtres mots, c'est pourquoi l'établissement de Michel, qui comprend cinq chambres d'hôtes, est tellement apprécié des couples débutants. La villa libertine organise de nombreuses soirées à thème et des week-ends coquins.

• Peter et Manuella

Peyraille
65330 LIBAROS
05 62 99 78 66
www.holidays4couples.com
sexy.couples@wanadoo.fr

Dans les Pyrénées, Peter et Manuella ont réussi, en dix ans d'existence, à fidéliser une clientèle très cosmopolite. Peter aime raconter qu'il a déjà accueilli dans son complexe naturiste et libertin de chambres d'hôtes plus de quinze nationalités différentes. Et certains clients reviennent jusqu'à sept fois de suite ! Il faut dire que son établissement a de quoi séduire : piscine de 10 m x 5 m, sauna, jacuzzi dans la grande véranda « *Pleasure Zone* », piste de danse, *home cinema*, et surtout de très confortables chambres.

• **Eden Patio**

Route de Beaulieu
07460 Saint-André-de-Cruzières
Site : www.eden-patio.com
Mail : eden-patio.frma@wanadoo.fr

04 75 39 00 29
Fax : 04 75 36 01 82

Si les plus grands complexes ne vous déplaisent pas, vous pouvez également opter pour les hôtels libertins. Si ces établissements sont plutôt moins intimistes, en revanche, on gagne en prestations. L'Eden Patio, par exemple, qui compte douze chambres, multiplie les activités sur place : piscine, bain à remous, sauna, billard, jeu de boules, tennis de table… Il faut dire que l'établissement de Martine et Franck est idéalement situé, près des gorges de l'Ardèche, où les possibilités d'activités sportives et d'excursions ne manquent pas.

• Le Manoir

Route de Dôle
39120 Villers-Robert
03 84 71 58 06
www.lemanoir39.com

Plus discret, le Manoir, dans le Jura, propose, en plus de sa partie club libertin, un hébergement en chambre d'hôtes. Une bonne idée pour un week-end, si vous passez par la région.

CAMPING NATURISTE ET LIBERTIN

• Le Ran du Chabrier

30430 Saint-Privat-de-Champclos
04 66 24 51 55
www.leranduchabrier.com

Valeur sûre du libertinage dans le Gard, le Ran du Chabrier propose toutes les prestations d'un camping classique.

C'est l'amour à la plage...

• L'Erotikos

28, rue de la gare
56690 Landevant
02 97 56 90 72
www.cluberotikos.net

Le soleil, c'est bien connu, exalte notre libido. Alors, pourquoi ne pas sortir (couverts) du confinement des salons câlins pour exposer nos corps au grand air. C'est ce que propose l'Erotikos, en Bretagne. Attention, il n'est pas question de s'ébattre sur les plages, mais plutôt de lier connaissance, tout nus au soleil, dans un espace naturiste réservé !

Le club a bien l'intention de renouveler l'expérience cette année, et même, c'est probable, par deux fois, puisqu'une autre journée est prévue pour le 15 août.

• Les Bains Gourmands

16 rue du passage
85000 La-Roche-sur-Yon
02 51 05 93 68
Renseignements pour le pique-nique :
http://lesdouceurs85.over-blog.com

En Bretagne toujours, Manon et Dany, charmant couple vendéen, organisent avec le club Les Bains Gourmands, de grands pique-niques libertins sur une plage naturiste, suivis d'une soirée au club et d'un « after » sur un terrain privé. La participation est gratuite, oui, il s'agit d'un vrai pique-nique dans un esprit libertin totalement désintéressé !

Encore un peu plus loin…

IBIZA

Liberty Loft est le seul hôtel 100 % naturiste et libertin d'Ibiza ! Selon Didier Menduni, auteur du *Guide de la France Coquine*, c'est tout simplement LA meilleure adresse pour des vacances libertines au soleil, en Europe ! Ouvert depuis deux ans, cet hôtel club de seize chambres fort bien équipé est réservé exclusivement aux couples libertins. Il propose des formules aux tarifs tout à fait corrects puisque tout est compris (hébergement, pension complète ou demi-pension, discothèque, ballades, excursions, animations et surprises).

Clubbing ou repos absolu, vous aurez le choix, puisque la première discothèque est à 300 m ! La clientèle y est cosmopolite, composée principalement d'Italiens, de Belges, de quelques Allemands et de rares Français.
Le Liberty Loft vous accueille toute l'année.

Réservations sur : www.paradiselovers.com
06 32 81 16 98 ou 00 34 971 348 743.

MARTINIQUE

• Fruit de la passion

Carrefour diaka
Rue principale
97290 Marin
05 96 74 84 42
fruit-delapassion972@wanadoo.fr

Club coquin, sauna mixte, surtout fréquenté par les couples dont les épouses cherchent des Antillais.

GUADELOUPE

• L'In-Parfait

Rue Henri-Becquerel
ZI Jarry
97100 Baie-Mahault
06 90 49 89 71
www.lin-parfaitclub.com

Un joli club coquin, ouvert en 2009 par Daniel et Isabelle, « à la fois *in* et parfait » ! Excellente ambiance.

JAMAÏQUE

Parmi les séjours « all-inclusive » naturistes et/ou libertins, les complexes Hedonism 2 et 3, en Jamaïque, sont ceux qui ont la plus grande renommée. Ils proposent une partie naturiste et une partie textile. On ne peut pas vraiment parler de débauche non-stop, mais si vous voulez passer des vacances branchées sexe, sachez que la plupart des animations sont toujours peu ou prou dédiées à la chose. Cependant, si tout (ou presque) est permis, rien n'est obligatoire, et les non-libertins y trouveront aussi leur bonheur. Ces complexes déclinent aussi des activités plus traditionnelles : piscine, sports nautiques, squash, pianobar, karaoké, concerts...

Hedonism, c'est le club Med, avec le sexe en plus ! La fréquentation, majoritairement nord américaine et britannique, est très conviviale, et les prestations vraiment haut de gamme. Attention toutefois si vous ne parlez pas anglais, aucun animateur n'est francophone. Comme le concept existe depuis 25 ans, la clientèle vieillit un peu, surtout à l'Hedonism 2. Les plus jeunes (et les plus libertins) préféreront Hedonism 3, le dernier en date.

SWING IN THE USA !

Pour ce chapitre consacré à l'échangisme aux États-Unis, nous avons choisi d'interviewer un couple californien adepte du « lifestyle ». Kirk, 41 ans, et Sharon, 34 ans, se rendent fréquemment à Paris, et passent chaque été au Cap d'Agde. Ils connaissent par cœur les mœurs de leur pays, qui compte, malgré sa réputation puritaine, un très grand nombre de libertins !

***Connexion* : Existe-t-il des associations libertines qui couvrent tous les États ?**

Kirk : Oui, la plus célèbre est l'association Alternative Lifestyle. Elle organise deux conventions par an. La plus importante a lieu à Las Vegas ou à Reno. Pour la côte Est, l'événement majeur a lieu soit à Miami, soit à la Nouvelle Orléans. Il existe aussi un congrès naturiste, qui se tient à Miami, une fois par an. L'ambiance y est très sympa, les libertins s'y retrouvent, c'est un peu le Cap d'Agde à l'américaine !
Sharon : Cette association est partenaire de nombreux clubs et de sites Internet. Elle organise également des croisières et des vacances libertines, principalement au Mexique. Les gens sont très mélangés, on y trouve tous les âges, tous les physiques… Nous nous sommes retrouvés une fois dans une gigantesque partouze autour d'une piscine. Il devait y avoir plus de cinq cents couples ! Mais en général, nous sommes plutôt sélectifs, et nous préférons les soirées privées, organisées par des gens exigeants qui veulent vous voir en photo avant de vous inviter.
Kirk : Quelquefois, de petites conventions privées sont organisées, exclusivement réservées aux plus beaux libertins ! Elles se déroulent sur quatre jours, et peuvent réunir jusqu'à deux cents couples !

Il existe beaucoup de sites américains dédiés au libertinage. Les utilisez-vous ?

Kirk : Nous n'avons pas commencé par l'intermédiaire d'Internet. Nous avons eu nos premières expériences en soirées privées à San Francisco.
Il y a un an, nous avons passé une annonce sur Internet, sur le site adultfriendfinders.com, qui se présente comme le plus gros site de rencontres libertines du monde. Nous avons entendu parler d'autres sites, comme lifestylelounge.com, qui regroupe des libertins très motivés. Il semble que les sites deviennent populaires ou non, selon l'endroit où ils ont été lancés. Par un exemple, il existe un très bon site de Tampa, en Floride, appelé swappernet.com, un autre appelé swingerdatesclub.com, très populaire au Texas. Le site que vous allez utiliser dépend de votre situation géographique aux États-Unis.

Où trouve-t-on le plus d'échangistes aux États-Unis ?

Kirk : Nous avons récemment rencontré un couple du Texas qui nous disait que leur État, avec la Floride, était celui qui comptait le plus de libertins ! La Californie n'est pas l' État le plus avancé dans ce domaine. Même si l'on y compte plus de libertins que dans le Dakota du Nord, évidemment (rires) ! Il y a également beaucoup de libertins à New York, et de nombreux clubs.

Vous êtes libertins depuis combien de temps ?

Sharon : Quatre ans. Kirk était déjà libertin avant de me rencontrer. Il pratiquait le libertinage avec son ex-amie. Au début de notre relation, il m'a présenté à un couple d'amis libertins. Cette liberté sexuelle m'a tout de suite enthousiasmée. Nous sommes restés très liés à ce couple, et nous « jouons » encore souvent ensemble !

Le libertinage relève-t-il d'un phénomène de mode aux États-Unis ?

Kirk : L'échangisme est un phénomène en pleine expansion aux USA. Cela va au-delà d'une mode, c'est réellement un mouvement profond de changement de mœurs…

Quel est selon vous le plus beau pays pour le libertinage ?

Kirk : Il me semble que c'est la France. Quand j'ai dit à mes amis de Californie que Paris comptait vingt clubs libertins, il n'en ont pas cru leurs oreilles ! Pour eux, c'est incroyable ! À San Francisco, il n'y en a que deux !
Sharon : C'est vrai, mais il faut quand même préciser que même s'il n'existe que deux clubs en ville, il y a beaucoup de soirées privées ou de discothèques traditionnelles où les couples peuvent se rencontrer, et ensuite, si le courant passe, les choses plus sérieuses continuent ailleurs, chez eux ou à l'hôtel… C'est un mode de rencontres qui a beaucoup de succès, et ces soirées réunissent beaucoup de gens attirés par un

libertinage « *soft* ». Elles sont principalement orientées vers la bisexualité féminine. Ces soirées sont appelées « *pleasurezone* ». Elles sont très populaires en Californie depuis quatre ans. Je vous renvoie au site des organisateurs : www.pleasurezonesf.com. Ces soirées sont le centre de gravité de toute la communauté libertine de Californie !

Quels clubs français recommanderiez-vous à vos amis libertins américains ?

Kirk : Sans hésiter, l'Overside et les Chandelles. En fait, je dirais à nos amis que s'ils veulent réellement savoir ce qu'est le libertinage, il faut sortir dans ces deux clubs. Aux USA, nous n'en sommes qu'aux balbutiements. Pour l'instant, les patrons de clubs américains essaient simplement de s'en sortir financièrement, et ils ont du mal ! Les établissements vraiment « classe », ce sont les deux clubs parisiens que j'ai cités. Nous n'avons pas l'équivalent aux USA. Le problème est aussi qu'il n'y a pas assez de demande. Nous connaissons beaucoup de couples qui aimeraient monter un club. Certains voudraient même fonder un hôtel libertin. Mais le projet est sans doute démesuré par rapport à la demande.
Sharon : Un club comme Les Chandelles n'aurait pas de succès aux USA. Une sélection trop stricte déplaît au public américain. Les gens qui se verraient refuser l'entrée seraient furieux. Un club américain se doit d'être plus « démocratique ».

LES SITES À CONSULTER AVANT VOTRE SÉJOUR

On trouvera la liste des clubs échangistes sur : www.swingersclublist.com
Voir aussi le site du NASCA : www.nasca.com et www.lifestyles.org.
www.lifestyles-tours.com : vacances libertines au Mexique et en Jamaïque.

Malheur aux échangistes chinois !

Si, lors d'un déplacement professionnel ou en vacances, vous vous rendez en Chine et que vous souhaitez y vivre une expérience libertine, **sachez que l'échangisme y est considéré comme un crime.**

L'échangisme n'est pas, sous la rouge dictature, une pratique qui relève simplement de la sexualité récréative, mais un « rassemblement de nature obscène ». Selon l'agence Chine Nouvelle les autorités chinoises appliquent à ces contrevenants sexuels des peines pouvant aller, en droit, de 6 mois à 3 ans de prison avec sursis.

En avril 2010, Ma Yaohai, un professeur d'université de 53 ans a été arrêté pour avoir organisé 18 soirées échangistes, impliquant 14 hommes et 8 femmes. Le tribunal pénal de Nanjing l'a poursuivi pour obscénité criminelle. Le pauvre homme s'est défendu tant bien que mal, en arguant que les participants étaient tous adultes et volontaires. En vain, puisque ce professeur a été condamné à trois ans et demi de prison ferme pour « pratique illégale d'activités sexuelles de groupe ».

Les 21 autres participants ont été moins sévèrement sanctionnés, parce qu'ils ont plaidé coupable : 18 ont été condamnés à des peines allant jusqu'à deux ans et demi de prison, les 3 autres ont été graciés, parce qu'ils ont eu la bonne idée de se livrer à la police.

À la suite de ces condamnations, un sondage, organisé par le site www.ifeng.com, a révélé que sur 15871 personnes, 70 % estiment que le professeur n'aurait pas du être traduit en justice pour ses activités libertines.

La sociologue Li Yinhe s'est illustrée en proposant aux députés à l'Assemblée nationale populaire, des projets de loi visant à dépénaliser les pratiques sexuelles de groupe. Elle a soutenu notamment les infortunés libertins de Nanjing, estimant que les citoyens chinois doivent avoir le droit de disposer de leur corps comme ils l'entendent… Peine perdue ?

10. créer son club libertin

Si vous devenez libertins, l'idée de monter votre propre club vous viendra sûrement à l'esprit. **Passer de l'autre côté de la barrière, cela veut dire, pour beaucoup de libertins, joindre l'utile à l'agréable, faire de sa passion une activité à part entière, si possible lucrative.** Mais s'il ne suffit pas d'être un « bon libertin » pour réussir, n'être qu'un bon gestionnaire n'est pas non plus souhaitable. Un grand nombre de qualités est nécessaire pour devenir un vrai professionnel de ce métier. La création d'un club libertin est une aventure qui promet beaucoup de péripéties. Pour éviter pièges et déconvenues, il est nécessaire d'observer quelques règles élémentaires. Nous vous proposons un petit *vade mecum* à l'usage des futurs patrons.

DÉFINISSEZ VOTRE POSITIONNEMENT

Les trois piliers de toute création d'entreprise sont : l'inventivité, la motivation, et l'engagement personnel. La recette d'une création réussie, c'est dans la plupart des cas 70 % de travail, 10 % de folie, 10 % de chance et 10 % de carnet d'adresses !

La priorité pour l'entrepreneur libertin (ou pas) est de définir un positionnement clair. Il doit se poser la question suivante : que puis-je apporter de nouveau au marché du libertinage ? Il s'agit avant tout de faire un état des lieux. Cette étape est extrêmement importante. Vous êtes très motivés, vous fréquentez les clubs libertins depuis des années, et vous avez déjà eu des discussions avec des patrons de clubs sur les difficultés et les avantages de leur profession. Souvenez-vous de tout ce qu'ils ont pu vous dire. Parlez de votre projet autour de vous, notamment à des clients potentiels. C'est comme cela que vous pourrez récupérer de bonnes idées. Cernez les attentes de vos amis libertins, ce qu'ils aiment ou n'aiment pas dans les clubs existants. Il est essentiel de savoir sentir l'air du temps. Avec toutes ces informations, vous pouvez définir le positionnement de votre futur club, et ainsi acquérir une valeur ajoutée sur le marché. Dans ce secteur, il s'agit d'être crédible face aux grands clubs établis. Le nombre de clubs existants ne doit pas vous décourager. Ayez la conviction que vous montez un club entièrement nouveau, tout en vous basant sur l'observation de ce qui existe… et sur la méthode Coué ! Il faut choisir une niche, et s'y tenir. **Une niche, c'est-à-dire un concept : discothèque libertine, club échangiste pur et dur, bar ou restaurant coquin, sauna club…**

CHOISISSEZ UN NOM PORTEUR

Lancer un club, c'est vouloir créer une nouvelle référence dans le monde libertin. Le choix du nom mérite donc une réflexion approfondie. Là encore, essayez de capter la tendance du moment. Parmi les clubs libertins existants, on peut retenir plusieurs tendances :

- les mélanges de lettres et de chiffres : Le 2 plus 2, le 5 et plus, Le quai 17, Le club 41… ;
- les noms des patrons : Chris et Manu ;
- les références à l'Histoire ou à la mythologie : La Messaline, la Caverne de Vénus… ;
- Les références à la littérature : Le Nautilus, le Bilitis… ;
- et même à la zoologie : le Bonobo club !

Un nom peut aussi se rattacher à votre histoire personnelle, ou à celle de votre couple. **Mais l'essentiel est que le nom « claque », sonne comme un label, un concept.** Certains noms de clubs énigmatiques ou qui ne se rattachent à rien de précis se sont imposés (L'Overside, Les Chandelles...). Souvent, les champs lexicaux français ont été battus et rebattus. Il peut être nécessaire de chercher ailleurs, et pas seulement dans le vocabulaire anglais, rebattu lui aussi.

SOIGNEZ LE FINANCEMENT ET LES STATUTS

Ça y est, votre projet est conçu, réfléchi, vous vous lancez... Il faut maintenant le financer.
Depuis le vote de la loi Dutreil en 2003, le capital minimum de départ est fixé à un euro. Mais démarrer ainsi semble un peu incertain ! Il est préférable d'avoir un peu d'argent de côté pour amorcer la pompe. L'idéal est d'avoir une trésorerie suffisante pour vous permettre de tenir quelques mois, voire un an. Certains des plus grands patrons de clubs ont fait une année « blanche » après leur ouverture.
Il faut également être convaincant face à votre banquier. Sachez user de toute votre force de conviction ! Ouvrir un compte pour une société n'est pas chose aisée, mais cela est nécessaire pour couvrir les besoins en fonds de roulement, les frais d'installation et de matériel, et les salaires de vos employés. Certaines banques refusent de financer un établissement de nuit, quel qu'en soit le type, discothèque ou autre. Vous pouvez aussi avoir recours à des aides spécifiques. Consultez le site de l'Agence pour la Création d'Entreprises

(APCE.fr), qui centralise des informations nombreuses et très utiles, et recense également les aides disponibles. La mise en place des statuts de l'entreprise n'est pas l'étape la plus complexe. Vous devrez conclure un contrat de société, prévu par l'article 1832 du Code civil. **La forme sociale la plus courante pour un club libertin est la SARL (Société à responsabilité limitée).** Celle-ci se trouve à mi-chemin entre la société de personnes et la société de capitaux. C'est donc une société de type mixte. Dans la SARL, les associés sont peu nombreux et leur responsabilité est limitée à leur apport. **Il y a obligation à s'inscrire au registre du commerce et des sociétés (RC ou RCS).** Lorsque la société nécessite un capital social, ce dernier doit être déposé sur un compte dans une banque (c'est gratuit) ou chez un notaire (pas gratuit !). Un récépissé de dépôt vous sera délivré. La somme déposée sera bloquée le temps de l'immatriculation, jusqu'à l'obtention du numéro de SIRET (ou K bis). Il faut compter environ une semaine à partir du jour de dépôt de votre dossier auprès du centre de formalité des entreprises (CFE) compétent. Dès justification auprès de la banque, l'argent versé sur le compte courant constituant le capital sera débloqué et utilisable pour les besoins de l'entreprise.

L'activité déclarée par les patrons de clubs n'est pas « club échangiste » ou « club libertin ». En effet, ce type d'activité n'a pas d'objet social définissable, pas de code APE (classification des secteurs d'entreprises définis par l'INSEE). Beaucoup de clubs libertins se déclarent donc en tant que « bars musicaux » ou « discothèques ».

Les démarches administratives ont été considérablement simplifiées. Le centre de formalité des entreprises (CFE) centralise les formalités juridiques, statistiques, fiscales et sociales. Les informations recueillies par le CFE sont ensuite transmises au greffe du tribunal de commerce, à l'INSEE, à l'URSSAF et aux services fiscaux. Le site du CFE (ccip.fr/cfe) met à votre disposition des modèles de statuts qui peuvent être téléchargés.

RESPECTEZ LA RÉGLEMENTATION

La législation française prévoit que les établissements doivent être conçus de façon à limiter les risques d'incendie, pouvoir alerter en cas de sinistre, évacuer les occupants, et faciliter l'intervention des secours. **En théorie, il s'agit aussi de prévoir des accès pour les personnes à mobilité réduite.**

Pascal Giraudeau nous explique que « *pour un bar musical, on ne doit pas dépasser un certain nombre de mètres carrés destinés à la danse. Un établissement de la taille des Chandelles sera un bar musical, un club avec un grand dancefloor se déclarera en discothèque. En ce qui concerne les assurances, une discothèque obéit à une réglementation beaucoup plus contraignante, en termes de sécurité. On sait que très peu d'établissements libertins disposent, par exemple, de la structure pour accueillir des handicapés. D'où l'importance d'avoir de très bons rapports avec l'administration. Si celle-là veut faire fermer un club, elle peut le coincer là-dessus. Il est important de connaitre les principes essentiels, sur lesquels la police ne va jamais transiger. Par exemple, l'accès aux mineurs. Pour un professionnel qui faute à ce niveau, il n'y a aucun repêchage. Pour la prostitution, ils sont compréhensifs, et il faut vraiment dépasser les bornes pour avoir des problèmes ! Il est très difficile de deviner si une femme qui rentre dans un club au bras d'un homme est une prostituée ou non !* »

Il existe aussi des différences entre Paris, où les clubs et cabarets sont gérés par une brigade spécifique de la préfecture de police (la BRP, brigade de répression du proxénétisme), et la province, où les clubs sont surveillés par la gendarmerie.

> « Le problème avec la province, poursuit Pascal Giraudeau, c'est qu'il y a énormément de gens qui ne respectent pas la réglementation ! Mais les grands établissements provinciaux, vraiment professionnels, n'ont jamais été ennuyés. »

Fermons la parenthèse. **La prochaine étape, c'est d'obtenir de l'administration une autorisation de fermeture tardive.** Ensuite, obtenir une licence. Il en existe plusieurs :

La licence III permet de servir des boissons faiblement alcoolisées, en respectant certaines limites. La licence IV est celle que choisissent d'obtenir la majorité des établissements libertins. Elle permet de servir des boissons alcoolisées. Cette autorisation administrative est particulièrement onéreuse.

L'administration en délivre très peu. La meilleure solution est de la racheter à un commerçant qui vend son affaire. Les licences sont accordées par secteurs géographiques. L'administration ne veut pas en délivrer d'autres... La licence restaurant permet de servir de l'alcool à la condition de proposer une petite restauration. La licence spectacle rarement utilisée dans les clubs libertins, permet de ne pas être limité par une autorisation de fermeture tardive.
N'hésitez pas à avoir recours, bien sûr, aux conseils de votre réseau relationnel.
On peut éviter les pièges en sollicitant des proches, des juristes, ou même, éventuellement, d'autres patrons de clubs.

Pour échapper à toutes les contraintes juridiques et commerciales, certains préfèrent constituer une société non pas commerciale, mais civile, ou association loi 1901 (à but non lucratif). Les associations ne sont pas soumises aux autorisations de fermeture tardive, mais il leur est interdit de servir des boissons alcoolisées. Certains contournent la loi en versant de l'alcool dans les bouteilles de soda, ce qui est plutôt périlleux, car les associations sont très surveillées par l'administration. Même certains « grands clubs » libertins fonctionnent sur des montages alambiqués, qui donnent une mauvaise image du milieu. Certains s'établissent en association loi 1901, tout en vendant des bouteilles de champagne à 150 euros !
Ce sont des associations qui louent le club pour la soirée, ce qui leur permet de ne pas être assujetties à la TVA !

SACHEZ VOUS ENTOURER

Pour être un bon patron de club, il est nécessaire de trouver de bons collaborateurs. Le recrutement de votre personnel est stratégique au plus haut point. Ne l'oubliez pas, un club libertin, c'est une société. On ne peut pas travailler seul. Il faut créer une structure avec une vie propre. Le recrutement peut se faire dans le milieu libertin, mais ce n'est pas obligatoire. Beaucoup de clubs sont des entreprises « familiales ». **Si le couple est assez solide, ce système permet évidemment une cohésion incomparable.**

Attention, si vous êtes un couple libertin, à l'usure prématurée d'une relation que peut provoquer la gestion quotidienne d'un club ! Être patron de club, c'est ne jamais partir en week-end, avoir très peu de vacances (à moins d'avoir beaucoup de personnel), ce qui provoque évidemment une fatigue usante, et peut détraquer, voire empêcher, toute vie conjugale ou familiale. Travailler dans un métier où le sexe est roi, cela peut sembler un bon moyen de joindre l'utile à l'agréable, mais pourtant, bien des couples déchantent assez vite. « *Diriger un club*, nous a confié un soir Danielle, du club parisien l'Overside, *c'est trouver son plaisir dans celui des autres !* » **Dans le pire des cas, un rejet du sexe peut se produire, et par extension un dégoût de la vie libertine. Ce cas de figure est extrême, mais le risque existe réellement.** Attention donc ! Une fois votre équipe constituée, il faut que tous soient impliqués dans le développement du club. Motiver une équipe passe par le partage du projet. Il faut également être transparent. Dire quand tout va bien, et parler de ce qui ne va pas. Et ne pas oublier de motiver financièrement votre équipe, même si, au début, cela n'est pas toujours facile !

CHOISISSEZ BIEN VOS LOCAUX

Vous disposez d'un loft en banlieue parisienne, et vous pouvez en aménager une partie, ou peut-être avez-vous hérité d'un vieux corps de ferme en province ? C'est le rêve ! Si vous avez la chance de posséder des locaux, vous pouvez travailler chez vous. Attention néanmoins, car même si cela réduit considérablement les charges, cela peut présenter des inconvénients : une visibilité plus réduite, et une imbrication des sphères privées et publiques. Mais si vous n'avez pas gagné au loto, pour la plupart d'entre vous, il s'agira de louer vos locaux. Leur surface et leur qualité dépendront des ressources dont vous disposez. Un club libertin ne doit pas être trop grand, ni trop petit. Il ne doit jamais paraître vide, même s'il y a très peu de clients ! **L'idéal est de s'installer dans un lieu modulable.** L'espace doit être aussi agréable pour dix couples que pour cent. Certains parisiens, découragés par le coût d'une installation à Paris, préfèrent s'établir en province. En général, il est plus facile d'y trouver des aides financières et les loyers y sont moins élevés.

PARTEZ À LA CHASSE AUX CLIENTS

La principale difficulté pour un nouveau patron de club est de se constituer une clientèle. Le secteur est concurrentiel, surtout en région parisienne ou l'on comptait en 2010, une trentaine d'établissements libertins. Pour ceux qui ont peu d'argent à investir dans la publicité, il est préférable de disposer d'un carnet d'adresses fourni. Le plus célèbre club parisien, Les Chandelles, a bâti sa réputation sans aucune publicité, en misant sur une sélection draconienne de la clientèle. Cependant, il est douteux que cette stratégie fonctionne encore aujourd'hui. Certains communiquent sur leur établissement bien avant qu'il n'existe. La rumeur, le bouche à oreille, peuvent créer un effet d'attente qui fera de l'ouverture de votre club un petit événement. En France, il est difficile de passer par les médias traditionnels pour faire parler de son club, à moins de connaître personnellement quelques journalistes très médiatiques et sympathisants du libertinage (il y en a !) Il existe des guides (*Guide de la France libertine*, *Guide de la France Coquine*…) et des magazines spécialisés, comme le magazine du site netechangisme, que l'on trouve gratuitement dans les clubs, ou que l'on peut télécharger sur le site... **Pour lancer son club, rien de tel aujourd'hui que la publicité sur Internet.** On peut en effet s'associer à un site libertin pour diffuser des mailings, ou créer des liens, sur des sites de charme. Si l'on a les moyens d'investir, on peut également créer son propre site. Mais le plus difficile, c'est de le faire connaître. Attirer les clients et communiquer, c'est une chose, mais il ne faut surtout pas oublier de garder la tête froide. Vous apprendrez, dès les premières semaines de vie de votre club, à ne pas perdre votre temps, et à penser à l'argent beaucoup plus qu'au sexe ! Ce qui fait vivre une entreprise, c'est avant tout sa trésorerie. Attention : si les clients affluent dès le début, tant mieux, mais n'oubliez pas que l'essentiel, c'est qu'ils reviennent ! Veillez donc à ne pas pratiquer de tarifs trop élevés. Il est important, aussi, de bien connaître sa clientèle, une fois qu'elle a commencé à se constituer. C'est comme cela que l'on peut, au mieux, répondre à ses attentes. Sélectionnez les couples à l'entrée de manière à ce qu'à l'intérieur, la clientèle ne soit pas hétéroclite. Il vaut mieux avoir un peu de mal à démarrer au début plutôt que d'accepter n'importe qui. Ceux qui viennent et qui sont satisfaits vont en parler. **Un couple content en ramènera cinq, un couple mécontent en fera partir quinze !**

Définissez un dress code et faites-le respecter. Ne favorisez pas la formation de petits groupes au sein du club. En tant que maître des lieux, vous devez contribuer à « donner le ton ». C'est vous qui allez insuffler aux lieux un esprit qui n'appartient qu'à vous. Alors, mettez l'ambiance !

Dernière recommandation, et non des moindres : **ne couchez pas avec vos clients, ou faites-le à l'extérieur du club**. Les patrons doivent savoir se tenir, sont dans leur établissement pour travailler, et rien d'autre !

ALIMENTEZ LA MACHINE !

La dernière étape, c'est de maintenir la machine en marche. **Il faut apprendre à se renouveler, trouver de nouveaux thèmes de soirées, de nouvelles formules tarifaires, repenser régulièrement la décoration.** Vos clients aiment le changement : normal, ils sont échangistes ! N'oubliez pas que rien n'est jamais acquis et que la concurrence est rude, même si vous avez réussi à fidéliser une clientèle. Le virage du développement demande au moins autant d'implication que la période de création proprement dite.

Conclusion

Devenir patron de club ne s'improvise pas. Il faut avoir un minimum de connaissances en juridiction, savoir aborder sereinement la paperasserie administrative. Sachez qu'il vous faudra certainement « manger de la vache enragée », passer par une première année critique en matière de rentabilité, et il sera vain d'espérer un quelconque retour sur investissement ! Nous avons insisté sur les risques et déconvenues possibles de ce métier, mais n'oublions pas que prendre un réel plaisir à mener sa barque est possible, si l'on sait gérer son affaire. Il faut également savoir trouver son plaisir dans celui des autres. **Enfin, sachez préserver votre intimité avec votre partenaire. Comme nous le disait un jour la patronne d'un célèbre club parisien : « *Les patrons ont droit, eux aussi, à une vie sexuelle !* »**

11. test : êtes-vous prêt pour le libertinage ?

Vous demandez-vous comment vous réagiriez en regardant votre partenaire prendre du plaisir avec un(e) autre que vous ? Vous sentez-vous encore trop possessif et peu partageur ?
Bref, si le mode de vie libertin est-il fait pour vous ?
Répondez honnêtement à ces quelques questions...

N'oubliez pas qu'un test n'est qu'une photographie de votre sexualité, à un moment précis de votre vie. Mais nous espérons que celui-là vous permettra de faire le point, et d'en savoir un peu plus sur vous-même.
Néanmoins, si les résultats sont à l'opposé de ceux que vous espériez, n'y attachez pas trop d'importance, nous sommes favorables à la paix dans les ménages !

1) Parlez-vous volontiers de sexe avec votre partenaire ?

● Pas besoin, on sait bien comment faire l'amour
■ C'est un peu gênant d'exprimer ses désirs
▲ Certains fantasmes sont difficilement avouables, mais c'est excitant de transgresser les interdits
◆ C'est la base de la sexualité, et de la vie de couple

2) Vous êtes-vous déjà filmé ou photographié pendant vos ébats ?

● Pour quoi faire ?
■ Vous n'y avez jamais pensé, mais pourquoi pas...
▲ Quelquefois
◆ Souvent

3) Les poils de votre sexe sont-ils…

● Plutôt naturels, en touffe
■ Bien entretenus, taillés court
▲ Intégralement épilés
◆ Vous pensez à l'épilation définitive

4) Achetez-vous souvent de la lingerie ?

● Non, seulement des sous-vêtements en coton
■ Rarement, vous n'avez pas le budget pour ça
▲ De temps en temps, c'est bon de se faire plaisir
◆ Régulièrement

5) Envisageriez-vous que votre conjoint(e) éprouve du plaisir avec une autre personne que vous ?

● Certainement pas, vivre en couple, c'est faire l'amour avec la même personne
■ Vous y avez déjà pensé, et ça vous a perturbé(e)
▲ Vous en avez rêvé, et ça vous a franchement excité(e)
◆ Évidemment ! Le plaisir de l'autre ne m'appartient pas !

6) Votre conjoint(e) et vous-même vous promenez sur une plage isolée. Soudain, derrière une dune, vous apercevez un couple en train de faire l'amour. Que faites-vous ?

● Vous détournez le regard et rebroussez chemin
■ La situation vous excite, vous observez discrètement et le soir même, vous en reparlez en faisant l'amour

▲ Vous vous approchez et vous cachez pour mater, le plus près possible, sans aller plus loin…
◆ Vous vous approchez du couple, vous vous caressez mutuellement, en espérant que les inconnus vous invitent à les rejoindre dans leurs ébats

7) Faites-vous l'amour souvent ?

● Au début, on se découvre… Après, on pense à autre chose
■ Vous aimeriez bien, mais vous n'avez plus le temps…
▲ Au moins une fois par semaine, c'est important pour l'équilibre du couple
◆ Oui, le plus souvent possible. L'amour doit être une réinvention permanente

8) Pour vous, faire l'amour à trois, c'est…

● Quelle horreur ! Le sexe, ça se fait à deux !
■ Vous en avez secrètement rêvé, et ça vous a troublé
▲ Avec votre conjoint(e), vous en parlez souvent en faisant l'amour, et cela vous excite
◆ Vous aimeriez tellement essayer…

9) Pour vous, la pornographie, c'est :

● Dégueulasse.
■ Vous avez déjà regardé quelques films, mais vous n'en avez pas vu depuis longtemps…
▲ Vous vous faites un petit plaisir en solo devant un film, de temps en temps
◆ Vous adorez vous exciter devant une vidéo bien cochonne, avec votre conjoint(e)

10) Vous masturbez-vous ?

● Jamais. C'est un vice dégradant…
■ Dans vos périodes de célibat seulement
▲ De temps en temps, c'est agréable et ça détend
◆ Vous aimez masturber votre partenaire, et parfois vous vous masturbez devant lui

11) Votre conjoint(e) vous confie son fantasme de faire l'amour avec un partenaire du même sexe que lui (qu'elle)…

● Vous pensez sérieusement à le (la) quitter
■ Vous vous remettez en question
▲ Vous parlez longuement de cette envie singulière
◆ Cette idée vous excite terriblement

12) Pour vous, les sextoys c'est :

● Un business à la mode
■ Vous avez déjà pensé acheter le même « rabbit » que dans *Sex and the city*

▲ Vous avez un gode et/ou un plug dans votre table de nuit fermée à clé

◆ Votre coffre à « jouets » déborde. Où allez-vous donc ranger ceux que vous venez de commander sur Internet ?

RÉSULTATS

Comptabilisez le nombre de ●, ■, ▲ et ◆

MAJORITÉ DE ●

La sexualité, pour vous, c'est définitivement une activité de couple monogame, qui ne peut dépasser les limites de l'intimité de la chambre à coucher. Mais au fait, par quel miracle ce livre s'est-il retrouvé entre vos mains ?

MAJORITÉ DE ■

Vous considérez les couples libertins avec tolérance et bienveillance. Vous n'êtes pas fermé aux expériences sexuelles hors des sentiers battus, mais leur mise en œuvre vous paraît compliquée, et pas exempte de risques pour votre couple. Le fantasme du libertinage occupe de temps en temps votre esprit, mais vous n'irez probablement jamais plus loin.

MAJORITÉ DE ▲

Vous adorez le sexe et vous le pratiquez le plus souvent possible, avec votre partenaire. Vous gardez en vous-même une pointe de jalousie et de possessivité, mais vous n'excluez pas une expérience libertine de temps en temps, sans que cela devienne un mode de vie. D'ailleurs, selon vous, il est important d'apporter un peu de piquant à sa vie de couple. Pourquoi ne pas tenter une expérience mélangiste, pour commencer ?

MAJORITÉ DE ◆

Il est étonnant que vous n'ayez pas déjà vécu une expérience libertine ! Pour vous, la sexualité est un terrain d'expérimentation permanente. Votre partenaire et vous-même vivez dans une parfaite complicité, et les expériences libertines ne feraient que la renforcer. Le libertinage fera certainement partie, tôt ou tard, de votre parcours…

conclusion : comment évolue le libertinage ?

Les libertins sont-ils de plus en plus nombreux ? Le nombre de ceux qui se rendent en clubs libertins augmente certainement. Mais est-ce véritablement significatif ?

Didier Menduni soutient que le nombre de vrais libertins se réduit inexorablement. « *Si je rentre dans une église*, dit-il, *cela ne fait pas de moi un chrétien. Les choses n'évoluent pas de manière positive. Je reçois souvent des courriels dans lesquels des couples me demandent des adresses de clubs ou l'on ne trouve que des moins de trente ans ! Ils affirment qu'ils en ont assez de se rendre dans des clubs où de vieux échangistes se jettent sur vous comme la pauvreté sur le monde. Mais qu'est-ce qu'un club échangiste sinon un lieu dédié au sexe ? Moi, je n'ai pas envie de discu-*

ter jusqu'à cinq heures du matin ! » On touche ici aux limites du libertinage. Cette sexualité ne doit surtout pas devenir une forme de snobisme. Il ne faut jamais oublier la dimension humaine de ces pratiques. Ce sont les personnes, avec la générosité et la singularité qui leur sont propres, qui créent la magie et la beauté d'une soirée.

Nous appartenons, malheureusement, à l'ère du semblant. Les gens veulent paraître ce qu'ils ne sont pas. Pour beaucoup, le libertinage est une chimère. Il nous est arrivé de rencontrer en club des jeunes, en dessous de la trentaine, en couple depuis seulement quinze jours. Entre eux, évidemment, il n'est pas question d'amour. Ils se rendent en club, entre amis, pour se donner des sensations. Ces jeunes, qui ont grandi avec le porno, prennent parfois les clubs libertins comme des lieux où l'on exalte la performance. Beaucoup d'entre eux prennent des médicaments qui soignent les troubles de l'érection. On peut se poser la question : que feront-ils dans vingt ans ?

Pour débuter dans le libertinage, il est important d'ouvrir son esprit. Ne vous dites pas que vous acceptez de faire l'amour en groupe, mais sous certaines conditions, dans certains lieux, avec certaines personnes à côté… Si vous osez le libertinage, prenez d'abord le temps d'en observer les us et coutumes. Commencez par vous adapter, faites l'effort de suivre le mouvement, écoutez les initiés.

Vivez votre sexualité sans contraintes, surprenez-vous, et surprenez la personne que vous aimez.

Épilogue

Vous vous êtes enfin décidés. À l'instigation de Monsieur, qui a entendu parler du libertinage dans ses magazines masculins et sur quelques sites libertins, où ses moments de détente au bureau le conduisent parfois… Ou peut-être à l'initiative de Madame, qui a fini par comprendre la signification du mot *échangisme* en regardant les émissions de Thierry Ardisson, et qui, lassée du missionnaire *dix minutes top chrono* du dimanche matin, a réalisé que d'autres formes de sexualité étaient possibles…

Enfin, vous avez osé en parler. Vous avez dit votre désir. **L'échangisme est devenu une envie, une possibilité.** L'excitation est née ici, dans une flamme qui vacille encore sous un soupir de convenance, mais qui un jour embrasera toute votre vie.

Vous avez même osé en parler avec des amis. **Vous avez découvert que leur sexualité n'était pas aussi**

plate et convenue qu'il y paraissait. Certains y ont seulement pensé, d'autres ont tenté l'expérience, une fois, deux fois, ont continué, ou pas. Enfin, vous n'êtes pas seuls…

Et si vous y alliez, simplement, pour voir ?

Vous faites l'amour en parlant de ce que vous feriez. Vous imaginez qu'une femme rejoint votre couple. Ou un homme, peut-être. Et si un couple vous accompagnait dans vos ébats ? Vos envies se précisent…

Tu m'engloutis, tu m'aspires dans ta bouche, ta chatte et ton cul, mais ce qui t'excite, c'est le regard carnivore de ceux qui nous entourent, qui contemplent tes seins, ton cul, et mon barreau de chair qui coulisse dans tes profondeurs. Que veux-tu pour occuper ta bouche pendant que je te baise ? Le sexe d'un autre homme ? De deux hommes ? Le sexe d'une femme, peut-être ? Et toi, cela t'exciterait-il de me voir baiser une autre femme ?

Des chorégraphies savantes s'agencent dans vos têtes, au gré de vos envies. Pourquoi ne pas les vivre ?
Vous vous êtes enfin décidés.

Finalement, vous avez opté pour une soirée privée, avec un joli couple rencontré sur Internet. Leur annonce vous a paru séduisante : « *Couple sympa, appréciant tous les plaisirs libertins dans la douceur, la sensualité et le respect de chacun, cherche couple même profil. Donnez tel. pour contact rapide.* » Et si c'était risqué ? Bon, allez, je leur donne notre numéro, et puis non,

eux d'abord… Finalement le rendez-vous est pris. Le grand soir est arrivé. Le couple vous a invités. Pouvez-vous encore revenir en arrière ? Non, nous n'allons pas nous dégonfler. Après tout, s'ils ne nous plaisent pas, nous ne sommes obligés à rien. Madame enfile fébrilement ses bas, et Monsieur s'envoie un petit whisky. Lequel des deux risque le plus d'être jaloux ? Avez-vous pensé aux préservatifs ? Cela fait longtemps que Monsieur n'en a pas utilisé…
Il est temps d'y aller.

Il est près de dix heures lorsque vous vous tenez sur leur paillasson, une bouteille de champagne à la main et un doigt sur la sonnette. Tout ce que les photos suggestives de l'annonce vous inspiraient semble loin maintenant… Mais le petit texte laconique qui les accompagnait vous revient en mémoire : « *Couple sympa, appréciant tous les plaisirs libertins* »…
Deux femmes. Deux hommes. Tellement de possibilités.

La porte s'ouvre. Bienvenue dans le monde réel.

Bibliographie

• Yann Moix, *Partouz*, Grasset, 2004.

• Patrick Sébastien, *Vitriol Menthe*, Oh ! Éditions, 2005.

• Didier Menduni, *Guide de la France Coquine*, Le Petit Futé, 2010.

• Richard Prince, Dian Hanson, *America Swings*, Taschen, 2010.

• Joumana Haddad, *Les amants ne devraient porter que des mocassins*, Humus, coll. « L'indiscrète », 2010.

• Laurine et Vincent Chatel, *Libertinage, Mode d'emploi*, Alizé, 2003.

• Denis Fruleux, *Le libertinage : complicité renforcée ou mise en péril du couple sensoriel ?* - Une étude de l'interaction d'une sexualité dite "plurielle" avec l'équilibre relationnel de couples hétérosexuels, mémoire pour le Diplôme Universitaire de Psycho-Sexologie, Université Paris-Descartes, 2010.

• Denis Grattepain, *Tranches de vie libertine*, éd Publibook, 2009.

• Thierry Demessence, *Libertin(e) aujourd'hui*, éd. De Mes Sens, 2004.

• Christine Ley, *Voyage au pays de l'échangisme*, éd.

Favre, 2003.
• Daniel Welzer Lang, *La Planète échangiste – Les sexualités collectives en France*, éd. Payot, 2005.
• Willy Pasini, *Les Nouveaux Comportements Sexuels* », éd. Odile Jacob, 2003.
• *Petit Larousse de la sexualité*, sous la direction du Dr Sylvain Mimoun, éd. Larousse, 2007.
• Italo Baccardi, *Osez préparer votre corps à l'amour*, La Musardine, 2006.
• Marc Dannam, *Osez faire l'amour à deux, trois, quatre...*, La Musardine, 2006.
• Clara Basteh, *Itinéraire d'une scandaleuse*, éd. Blanche, 2007.
• Clara Basteh, *Vie d'une libertine*, éd. Blanche, 2008.
• Sophie Fabre, *Libertine*, éd. Mercure Galant, 2007.
• Gabriel Buffet, *Swinging Paris*, éd. Blanche, 2009.

RESSOURCES INTERNET

www.ideeslibertines.com : magazine culturel en ligne sur le libertinage et l'érotisme.
www.francecoquine.com : le guide incontournable du libertinage.
www.libertinssansfrontieres.com/lsfradio : à ce jour, la seulE web radio libertine.
www.libertinagepourtous.com : blog très sympathique, consacré à « la démocratisation de toutes les formes de libertinage ».
www.clubs-echangiste.com : annuaire des lieux libertins en France.

L'ÉCHANGISME AU CINÉMA

Filmographie sélective

Eyes Wide Shut de Stanley Kubrick (1998)
Avec : Tom Cruise, Nicole Kidman, Sydney Pollack…

La dernière œuvre de Stanley Kubrick pose la douloureuse équation à laquelle sont confrontés les couples : d'un côté, l'envie de construire sa vie avec l'être que l'on a choisi, et de l'autre, les sollicitations quotidiennes qui aiguillonnent notre désir. Alice (Nicole Kidman) avoue un soir à son mari Bill (Tom Cruise) qu'elle a éprouvé du désir pour un autre homme. Cet aveu ébranle Bill dans ses certitudes, qui, à partir de ce moment, est confronté à toute une série de tentations sexuelles, pédophilie, sexe tarifé, homosexualité, orgie… Toutes ses tentatives de tromperie se soldent par des échecs, et il finira par retourner à la maison. *Eyes Wide Shut* est certainement le film le plus intelligent jamais réalisé sur le désir et sur le couple. Il est amusant de constater qu'il n'y est jamais question d'échangisme, et pourtant, ce film fut plébiscité par les libertins, particulièrement les organisateurs de soirées et les patrons de clubS, qui ont maintes fois détourné la célèbre scène d'orgie en de vulgaires bals masqués partouzards.

Dans ce film, on est plutôt aux antipodes du libertinage. L'orgie, qui devrait être le lieu où tous les tabous s'effritent, où les masques tombent, où les corps se libèrent, devient un cérémonial masqué et strictement codifié. Les participants sans visage deviennent étrangers à

eux-mêmes. Pendant les chorégraphies sexuelles, on entend la chanson *Strangers in the night*. Étrangers dans la nuit… Bill, intrus dans cette soirée, parcourt des alcôves semblables à une scène de théâtre où se jouent ses propres fantasmes. Il sera démasqué puis chassé, et rentrera chez lui pour retrouver sa femme… Le film s'achève sur le retour au réel du couple, et sur ce mot très concret : « baiser » (« fuck ») prononcé par Alice à l'adresse de Bill.
Selon nous, c'est à ce moment seulement que le couple serait prêt, peut-être, à vivre une expérience libertine…

Sept ans de mariage, de Didier Bourdon (2002)
Avec : Didier Bourdon, Catherine Frot, Jacques Weber, Claire Nadeau…

Didier Bourdon aborde dans ce film le thème rebattu de l'usure sexuelle dans le couple. Au bout de sept ans de mariage, Alain (Didier Bourdon) et Audrey (Catherine Frot) vont tenter de redynamiser leur sexualité, par tous les moyens, y compris l'échangisme. Ils seront initiés par un couple improbable, Claude (Jacques Weber), qui ne tarit pas d'éloges sur ce mode de vie, et sa femme, Viviane (Claire Nadeau), revêche, qui ne partage apparemment pas son point de vue. De leur parcours du combattant ressort finalement une image peu flatteuse et convenue du libertinage…

Choses secrètes, de Jean Claude Brisseau (2002)

Avec : Coralie Revel, Sabrina Seyvecou, Roger Miremont, Fabrice Deville…

Jean-Claude Brisseau réalise avec *Choses secrètes* un film érotique et troublant, qui aborde l'univers libertin à travers le personnage de Christophe, figure proche du *Caligula* de Camus, en perpétuelle quête de nouvelles expériences sensuelles. Les nombreuses scènes de sexe, le jeu pervers imposé aux deux jeunes filles par Christophe font de ce film une expérience envoûtante, qui donne à réfléchir sur la transgression, et sur la dépendance sexuelle.

Happy Few, de Antony Cordier (2010)
Avec : Marina Foïs, Nicolas Duvauchelle, Roschdy Zem, Élodie Bouchez…

Happy few met en scène deux couples qui revendiquent une volonté de réinventer les codes de la vie conjugale, avec ses conflits et ses mensonges. Deux couples deviennent amis puis amants, et mettent en place un échangisme amoureux et très radical, puisque toutes les relations sexuelles se vivent en l'absence des conjoints officiels. Les rapports deviennent rapidement excluants, et le quatuor sera rattrapé par les doutes et les jalousies, puis par les enfants qui finissent, malgré eux, par rappeler tout le monde à l'ordre !

Shortbus, de John Cameron Mitchell (2006)
Avec : Sook-Yin Lee, Paul Dawson, PJ DeBoy, Lindsay Beamish…

« Il est temps de faire l'Amour » : voilà ce qu'on pouvait lire sur l'affiche de ce film de chair et de sens, qui rayonne de l'énergie du désespoir. *Shortbus* s'articule autour de quelques personnages marginaux et attachants : une sexologue qui n'a jamais connu l'orgasme, un couple homosexuel tenté par le triolisme, une dominatrice…

Tous se retrouvent au Shortbus, club libertin new yorkais où se côtoient toutes les sensibilités et toutes les sexualités. Dans ce lieu interlope, où les corps s'ébattent autant que les esprits débattent, on parle art, sexualité, déchirures intimes, et difficulté à atteindre l'orgasme… Un film gay friendly, généreux et non conformiste, qui parle avant tout d'une Amérique qui se cherche, sur les ruines du 11 septembre… La « patronne » de l'établissement résume le film en une phrase : « *C'est comme dans les années 60, l'espoir en moins* ». Les scènes de sexe, dans cet OVNI cinématographique, y sont étonnamment explicites pour un film traditionnel.
http://www.bacfilms.com/site/shortbus/

REMERCIEMENTS

Denis Fruleux, *Union*, Didier Menduni, Pascal Giraudeau, Chris et Manu, Le Château des Lys, Patrick Sébastien, Yann Moix, Gérard Moulin, Christophe Soret, Delphine et Philippe, Julie et Alex, Bernard, Jean-Paul et Alexandra, Marc, Violaine, Edouard, Laura, Nathalie, Vanessa et Joachim.
L'auteur tient à remercier particulièrement Florence, pour ses conseils et son soutien.

Vous pouvez envoyer un courriel à Pierre Des Esseintes à l'adresse suivante : pierre.des.esseintes@gmail.com

Imprimé en Espagne par
Liberduplex
à Sant Llorenç d'Hortons (Barcelone)
en septembre 2012

N° d'impression : 30990
Dépôt légal : octobre 2012
I71426/61